ESFERAS DA INSURREIÇÃO

ESFERAS DA INSURREIÇÃO
NOTAS PARA UMA VIDA NÃO CAFETINADA
Suely Rolnik

© Suely Rolnik, 2018
© n-1 edições, 2018
ISBN 978-85-66943-59-7

Embora adote a maioria dos usos editoriais do âmbito
brasileiro, a n-1 edições não segue necessariamente as
convenções das instituições normativas, pois considera
a edição um trabalho de criação que deve interagir
com a pluralidade de linguagens e a especificidade
de cada obra publicada.

COORDENAÇÃO EDITORIAL Peter Pál Pelbart
    e Ricardo Muniz Fernandes
DIREÇÃO DE ARTE Ricardo Muniz Fernandes
ASSISTENTE EDITORIAL Inês Mendonça
PROJETO GRÁFICO Érico Peretta
PREPARAÇÃO E REVISÃO Pedro Taam
IMAGENS Capítulo O inconsciente colonial-capitalístico
Rodrigo Araújo – coletivo BijaRi
IMAGENS/CAPA Grafismos a partir de pintura corporal Guarani

A reprodução parcial deste livro sem fins lucrativos,
para uso privado ou coletivo, em qualquer meio impresso
ou eletrônico, está autorizada, desde que citada a fonte.
Se for necessária a reprodução na íntegra, solicita-se
entrar em contato com os editores.

2ª edição | 2ª reimpressão | Abril, 2023

n-1edicoes.org

Suely Rolnik

ESFERAS DA INSURREIÇÃO

NOTAS PARA UMA VIDA
NÃO CAFETINADA

A Tício, pelo teko porã que criamos no
dia a dia de nossas danças singulares

A Rolf, pela delicada confiança
que atravessa os tempos

A Marcelo, pelo início de um possível

Axs amigxs.

Trata-se sempre de liberar a vida lá onde ela é prisioneira, ou de tentar fazê-lo num combate incerto.
Gilles Deleuze e Félix Guattari[1]

1 Gilles Deleuze e Félix Guattari, *O Que é a Filosofia?*, trad. Bento Prado Jr. e Alberto Alonso Muñoz, São Paulo: Editora 34, 1992, p. 222.

11 *La izquierda bajo la piel*
Um prólogo para Suely Rolnik
Por Paul. B. Preciado

23 Prelúdio: Palavras que afloram
de um nó na garganta

29 O inconsciente colonial-capitalístico

99 Insurgências macro e micropolítica:
dessemelhanças e entrelaçamentos

147 A nova modalidade de golpe:
um seriado em três temporadas

195 Finale: Dez sugestões para
uma contínua descolonização
do inconsciente

PRÓLOGO

La izquierda bajo la piel
Um prólogo para Suely Rolnik
Paul B. Preciado

Estes ensaios de Suely Rolnik nos chegam em meio à névoa tóxica que nossos modos coletivos de vida produzem sobre o planeta. Vivemos um momento contrarrevolucionário. Estamos imersos em uma reforma heteropatriarcal, colonial e neonacionalista que visa desfazer as conquistas de longos processos de emancipação operária, sexual e anticolonial dos últimos séculos. Como já anunciava Félix Guattari em 1978, respirar se tornou tão difícil como conspirar. Se detrás do brilho da prata de Potosí se ocultava o trabalho exterminador da mina colonial no século XVI, detrás do brilho das telas se ocultam hoje as formas mais extremas de dominação neocolonial, tecnológica e subjetiva. A obscura era do pixel poderia ser inclusive a última, se não conseguirmos inventar novas formas de equilíbrio entre os mundos do carbono e do silício, novas modalidades de diálogo entre as entidades subjetivas, maquínicas, orgânicas, imateriais e minerais do planeta.

Estes textos são como um oráculo que nos fala de nosso próprio futuro mutilado. Vêm nos recordar que o que estamos vivendo não é um processo natural, mas uma fase a mais de uma guerra que não cessou: a mesma guerra que levou à capitalização das áreas de preservação de terras indígenas, ao confinamento e ao extermínio de todos os corpos cujos modos de conhecimento ou afecção desafiavam a ordem disciplinar, à destruição dos saberes populares em benefício da capitalização científica, à caça às bruxas, à captura de corpos humanos para serem convertidos em máquinas vivas da plantação colonial; a mesma guerra na qual lutaram os revolucionários do Haiti, as cidadãs da França, os proletários da Comuna, aquela guerra que fez surgir a praia sob os paralelepípedos das ruas de Paris em 1968, a guerra dos soropositivos, das profissionais do sexo e das trans no final do século XX, a guerra do exílio e da migração...

Suely Rolnik reuniu aqui três textos elaborados durante os últimos anos que poderiam funcionar como um guia de resistência micropolítica em tempos de contrarrevolução. Tive a sorte de escutar e ler muitas versões destes textos, como quem assiste à germinação de um ser vivo. O pensamento de Suely, como sua própria prática analítica, tem a qualidade de estar sempre em movimento. O que os leitores têm agora em suas mãos é uma foto da tarefa crítica de Suely tirada em um momento preciso. Trata-se de um trabalho aberto, de um arquivo em beta, em constante modificação. O livro, extremamente rico e cuja leitura levará a múltiplas intervenções críticas e clínicas, poderia ser lido tanto como um diagnóstico micropolítico da atual mutação neoconservadora e nacionalista do regime financeiro neoliberal quanto como uma hipótese acerca da derrota da esquerda, no contexto não só latino-americano, mas também global. Mas esse réquiem por uma esquerda macropolítica é acompanhado em Suely pelo desenho de uma nova esquerda radical: *Esferas da Insurreição* é uma cartografia das práticas micropolíticas de desestabilização das formas dominantes de subjetivação, um diagrama da esquerda por vir.

A análise da condição neoliberal que Suely Rolnik leva a cabo em dois dos três textos reunidos nesta antologia aparece como o complemento micropolítico necessário às análises macropolíticas que vêm sendo feitas, a partir de distintas perspectivas, por Giorgio Agamben, Naomi Klein, Antonio Negri, Michel Feher ou Franco Bifo Berardi. Partindo da análise do "golpe neoliberal" no Brasil, Rolnik chama a atenção para a aparição de uma nova e insuspeitada aliança entre o neoliberalismo financeiro e as forças reativas conservadoras. Enquanto, durante os anos 80, se pensava que a extensão do neoliberalismo traria a globalização da democracia, a dissolução dos estados-nação e a generalização do multiculturalismo como modelo de integração social, a atual deriva do neoliberalismo, analisada por Rolnik, deixa antever um horizonte muito mais histriônico. A inesperada aliança das forças neoliberais e conservadoras tem a ver com o fato de ambas compartilharem uma mesma moral e um mesmo modelo de identificação subjetiva: o inconsciente colonial-capitalístico. Daí que os alvos da nova "perseguição neoliberal às bruxas" sejam os coletivos feministas, homossexuais, transexuais, indígenas ou negros, que encarnam no imaginário conservador a possibilidade de uma autêntica transformação micropolítica. Se desenha aqui a paisagem que Guattari e Deleuze haviam conjecturado como uma terrível e insólita encarnação do "fascismo democrático". Essa é a condição na qual nos encontramos e na qual temos que imaginar coletivamente novas formas de resistir.

Suely Rolnik descreve os processos de opressão colonial e capitalística como processos de captura da força vital, uma captura que reduz a subjetividade a sua experiência como sujeito, neutralizando a complexidade dos efeitos das forças do mundo no corpo em benefício da criação de um indivíduo com uma identidade. Esse processo de subjetivação funciona por repetição e pelo cerceamento das possibilidades de criação, impedindo a emergência de "mundos virtuais". O sujeito colonial moderno é um zumbi que utiliza a maior parte de sua energia pulsional para produzir sua identidade normativa: angústia, violência, dissociação, opacidade, repetição...

não são mais do que o preço que a subjetividade colonial-capitalística paga para poder manter sua hegemonia. Por isso, para Rolnik, todo processo revolucionário não é nada mais do que a introdução de um hiato, de uma diferença no processo de subjetivação, de "um corte em outro lugar" da fita de Moebius, para utilizar a expressão de Lygia Clark mobilizada em sua proposta artística *Caminhando*. Diante da máquina de encontrar soluções *prêt-a-porter* para se refazer um contorno subjetivo ou discursivo por meio do consumo da "marca Lacan", ou do que Suely chama jocosamente de "desodorante D&G (Deleuze e Guattari)", a esquizoanálise se propõe como um tipo de revolução molecular lentíssima, quase imperceptível, que, no entanto, modifica radicalmente a existência de todo o percebido.

Rolnik entende a condição colonial-capitalística como uma patologia histórica do inconsciente que funciona por meio de uma micropolítica reativa, contra a qual se desencadeia uma multiplicidade de micropolíticas ativas num processo constante de transformação planetária. O trabalho de Suely Rolnik inspira-se diretamente no conjunto de micropolíticas ativas que surgiram nos anos 60 – 70, tanto no Brasil quanto na Europa: primeiro nos processos contraculturais de luta antiditatorial no Brasil, dos quais participou em sua juventude e que a levaram à prisão. Depois, em sua passagem por Paris, Rolnik entrou em contato com a multiplicidade de movimentos críticos e ativistas, desdobramentos das revoltas de Maio de 68, e mais especialmente com a prática clínico-política de Félix Guattari, com os processos de experimentação institucional na prisão e no hospital, assim como com o movimento de alternativas à psiquiatria. Mais tarde, depois de seu retorno ao Brasil, Rolnik elabora sua prática crítica em diálogo com o movimento internacional de resistência na arte e, mais recentemente, com as práticas de reinvenção da soberania indígena e anticolonial. Todos esses processos introduzem uma transformação radical das linguagens da esquerda. A revolução não se reduz a uma apropriação dos meios de produção, mas inclui e baseia-se em uma reapropriação dos meios de reprodução – reapropriação, portanto, do "saber-do-corpo", da sexualidade, dos afetos, da linguagem, da imaginação e do desejo. A autêntica fábrica é o inconsciente e, portanto, a batalha mais intensa e crucial é micropolítica.

A partir de sua passagem pela clínica de La Borde e de sua colaboração com Félix Guattari, Suely Rolnik inicia um dos experimentos esquizoanalíticos mais produtivos das últimas décadas, ao levar as perguntas pela economia política do inconsciente, que Jean Oury, François Tosquelles, Frantz Fanon e Félix Guattari haviam elaborado nos anos imediatamente posteriores à Segunda Guerra Mundial, ao contexto do desdobramento do neoliberalismo e também das práticas de descolonização, no final do século XX e em princípios do século XXI, na América do Sul. Exilada política e linguística na França durante uma década, sua prática de resistência toma a forma de um retorno pós-traumático ao Brasil. Voltar ao Brasil, como fez em sua viagem iniciática com Guattari, assim que chega ao País, implica em tirar a prática esquizoanalítica do contexto institucional e clínico do velho continente colonial europeu para lançá-la ao magma da vida em seu processo de recolonização e descolonização na América do Sul. Rolnik desterritorializa a própria prática esquizoanalítica levando-a em duas direções aparentemente contraditórias, mas que na realidade estão subterraneamente conectadas.

De um lado, o retorno de Suely Rolnik ao Brasil permite conectar o discurso psicanalítico com as linguagens e as práticas contemporâneas da descolonização. A psicologia, afirma

Rolnik, pertence ao dispositivo colonial-capitalístico: nasceu historicamente como uma narrativa e uma técnica que legitimava e naturalizava os modos dominantes de subjetivação. A psicologia do eu é nada mais e nada menos que a ciência do inconsciente colonial-capitalístico, e suas práticas, aparentemente terapêuticas, não são senão sofisticados dispositivos micropolíticos reativos. No Brasil, fica evidente que é a própria tradição psicológica, surgida no centro dos impérios coloniais e patriarcais europeus, que, estando atravessada desde suas origens por estruturas de opressão colonial e sexual, necessita de um duplo processo de descolonização e de despatriarcalização. Para Rolnik, essa dimensão normativa da psicologia afeta inclusive a própria psicanálise, que, apesar de ter surgido como uma contraciência que, diferentemente da psicologia, reconecta a subjetividade com os efeitos das forças do mundo no corpo e a leva à reapropriação da linguagem desde esses afetos, opera, com raras e belas exceções, como uma prática micropolítica reativa. Uma prática que, como nos mostram Deleuze e Guattari, contribui com a expropriação da produtividade do inconsciente para submetê-lo ao teatro dos fantasmas edípicos. Por isso, para Rolnik, descolonizar a psicanálise passa pela ativação da força micropolítica que a habitava em sua fundação, pela mobilização de sua potência clandestina.

A prática de Suely Rolnik se destaca diante das psicologias do sujeito e da identidade. Trata-se aqui da construção de um relato autocrítico, reflexivo, capaz de tornar visíveis as relações de poder colonial e sexual que permitiram o estabelecimento da psicanálise como "ciência do inconsciente" e prática clínica. Frente a elas, Suely aposta numa prática analítica que funcione como uma política de subjetivação dissidente, permitindo a reapropriação da potência vital de criação e o desenvolvimento do que chama de "saber-do-corpo", o saber de nossa condição de vivente. Diferentemente das receitas de felicidades instantâneas e do *feel good*, a condição de possibilidade de resistência micropolítica é "sustentar o mal-estar" que gera nos processos de subjetivação a introdução de uma diferença, uma ruptura, uma mudança. É preciso reivindicar o mal-estar que tais rupturas supõem: resistir à tendência dominante da subjetividade colonial-capitalística que, reduzida ao sujeito, interpreta o mal-estar como ameaça de desagregação e o transforma em angústia, em sintoma que deve ser diagnosticado de acordo com um manual de doenças mentais, tratado com medicamento e, finalmente, soterrado em favor da reprodução da norma. Para Suely, essa conversão do mal-estar em angústia e sua consequente patologização reitera e naturaliza a redução da complexidade dos processos de subjetivação ao "sujeito", cancelando ainda mais violentamente as possibilidades de "criação transfiguradora". A revolução esquizoanalítica que anuncia Rolnik é a gestão coletiva e criativa do mal-estar para permitir a germinação de outros mundos. Estes textos não buscam atenuar a dor de se suportar a exclusão, o exílio, a exterminação, a censura ou o castigo social, ou nos devolver a fé numa esquerda *ready made*, mas, sim, pretendem nos fazer entender a natureza micropolítica do mal-estar que nos habita: nos ajudar a entrar no mal-estar e permanecer ali juntos, para poder imaginar estratégias coletivas de fuga e de transfiguração.

A segunda aprendizagem que Suely Rolnik leva de sua passagem por La Borde e de seu retorno para o Brasil é a afirmação da cena da criação artística como um lugar de trabalho micropolítico e clínico. Não se trata aqui, em absoluto, de "arte terapia", mas, ao contrário, do que poderíamos denominar de "terapia arte", de entender que a prática clínica deve ser feita como uma prática artística, ou seja, de forma sempre experimental, apelando à transformação da sensibilidade e da representação, inventando em cada caso os protocolos necessários que permitem renomear, sentir e perceber o mundo. Sua colaboração com artistas (especialmente com a artista brasileira Lygia Clark e com os artistas colombianos do Mapa Teatro) e com aqueles que produzem pensamento e ação micropolíticos no interior do sistema de arte ou no âmbito da luta dos indígenas na América Latina (como o brasileiro Ailton Krenak e o paraguaio Ticio Escobar) constitui não só instâncias de reinvenção da psicanálise, mas também do que entendemos por arte, teatro e política. Dissolve-se aqui a oposição clássica entre teoria e prática, poética e política, representação e ação. Esse movimento não deve ser lido como um gesto de expansão dos territórios clínicos, mas como o próprio lugar onde a transformação micropolítica do inconsciente acontece.

Todo processo de transformação política que não contemple a descolonização do inconsciente está, adverte-nos Suely, condenado à repetição (inclusive quando há deslocamento) das formas de opressão. Suely continua aqui a tarefa de Guattari de cartografar uma multidão de revoluções moleculares que se produzem no nível da economia do desejo. Um dos pontos fortes destes ensaios é que não devemos esperar a chegada messiânica "da revolução", mas implicar-nos constantemente numa multiplicidade heterogênea de processos micropolíticos revolucionários. "Micropolítica" é o nome que Guattari deu, nos anos 60, àqueles âmbitos que, por serem considerados relativos à "vida privada" no modo de subjetivação dominante, ficaram excluídos da ação reflexiva e militante nas políticas da esquerda tradicional: a sexualidade, a família, os afetos, o cuidado, o corpo, o íntimo. Tudo isso que depois Foucault tentará apontar com os termos "microfísica do poder" e, mais tarde, "biopoder". Nesse sentido, a noção de micropolítica representa uma crítica do modo como a esquerda tradicional (pouco importa que seja em suas versões marxista, leninista, trotskista ou socialista) considerava a modificação das políticas de produção como o momento prioritário da transformação social, deixando as políticas de reprodução da vida em segundo plano. Daí o rompimento entre os movimentos feministas, homossexuais, anticoloniais e a esquerda tradicional. Para a esquerda, as questões feministas, da homossexualidade, da transexualidade, do uso de drogas, e também das relações racializadas de poder, ou dos conflitos pela soberania indígena, são questões secundárias frente à verdadeira, honrosa e viril luta de classes. Suely Rolnik inverte essa relação e afirma que não há possibilidade de uma transformação das estruturas de governo sem a modificação dos dispositivos micropolíticos de produção de subjetividade. Ela radicaliza ainda mais a noção de micropolítica, submetendo-a primeiro a um aprofundamento epistêmico que surge ao colocar esses âmbitos em contato com as forças do inconsciente. Daí que família, sexualidade e corpo não sejam simplesmente instituições ou realidades anatômicas, mas autênticas tramas libidinais feitas de afetos e perceptos que escapam ao âmbito da consciência individual.

Do mesmo modo que a crítica descolonial macropolítica fala do extrativismo de recursos naturais, Rolnik alerta-nos para o extrativismo colonial e neoliberal dos recursos do inconsciente e da subjetividade – a pulsão vital, a linguagem, o desejo, a imaginação, o afeto... Inspirada pelas políticas do trabalho sexual, Suely denomina "cafetinagem" esse dispositivo de extração da pulsão vital que opera no capitalismo colonial capturando o que ela, seguindo Freud, chama de "pulsão de vida" e o que eu denominei, em outros textos, seguindo Espinosa, *"potentia gaudendi"*. Enquanto a esquerda se mantém atenta aos processos de expropriação da força de trabalho e da acumulação de capital, ela segue ignorando os processos de captura da *"potentia gaudendi"*. No entanto, o capitalismo mundial integrado, havendo já devastado quase por completo as forças materiais do planeta, dirige-se agora à expropriação total de nossas forças inconscientes. É por isso que os processos históricos de emancipação da esquerda só podem sobreviver agora se, também e junto com sua luta macropolítica, aceitarem o desafio do trabalho micropolítico.

Em segundo lugar, Suely submete a noção de micropolítica a um processo de descolonização que sacode e altera as posições tradicionais de natureza e cultura, de sujeito e objeto, de masculinidade e feminilidade, de homem e animal, de dentro e de fora. Poderíamos dizer que ela aponta assim a existência de outra esquerda e, cruzando as coordenadas, nos orienta em direção a uma política do subsolo, subterrânea, uma política sob a pele, sob a terra, uma esquerda clorofílica ou telepática, ali onde a planta e o pensamento se conectam através da imagem ou da poção.

A prática de Suely Rolnik consiste em lançar o divã na praça pública, em levá-lo ao ateliê do artista, em colocá-lo no meio da selva, em metê-lo na cabana do xamã. Trata-se de um triplo processo de desindividuação (não de dessingularização), de politização e de devir-público do divã. É assim que o divã freudiano-lacaniano se desfaz e muda, entrando num processo infinito de transfiguração: divã-cartaz, divã-cama, divã-museu, divã-poção, divã-parlamento, divã-ritual, divã-texto, divã- ...

Poderia lhes falar de minha experiência de leitura durante horas, mas devo me calar para deixá-los ler. Esta é a última coisa e o mais necessário que quero lhes dizer: este livro é como uma belíssima larva que cresce no esterco: a ondulação e a suavidade aveludada de seu pensamento, seu riso contagioso, a falta de vergonha e de medo lhe permite entrar nas camadas mais obscuras do fascismo contemporâneo, nos guiar nos lugares que mais nos aterrorizam e tirar dali algo com o que construir um horizonte de vida coletiva. Suely Rolnik é uma espinosista selvagem, uma freudiana transfeminista, uma arqueóloga do imaginário, uma indigenista *queer* que busca no futuro (e não no passado) a origem de nossa história, uma artista cuja matéria é a pulsão. Uma cultivadora dos bichos-da-seda da *"izquierda bajo la piel"*. Não se pode pedir mais de uma escritora: devir-larva, cartografar a lama com a mesma precisão com que outro cartografaria uma mina de ouro. Por isso, leitores, adentrem com essa larva no magma da besta e busquem os gérmens da vida que, ainda que desconheçam, os rodeiam, e que, com uma torção do olhar, poderiam ser seus – poderia ser sua própria vida.

Arles, maio de 2018

* Traduzido para o português por Josy Panão

PRELÚDIO

Palavras que afloram de um nó na garganta

> *O conceito é o contorno, a configuração, a constelação de um acontecimento por vir que o corta e o recorta a sua maneira. A grandeza de uma filosofia avalia-se pela natureza dos acontecimentos aos quais seus conceitos nos convocam. Eles são centros de vibrações, cada um em si mesmo e uns em relação aos outros. É por isso que tudo ressoa, em vez de encadear-se ou de corresponder uns aos outros.*
>
> Deleuze & Guattari[1]

Esta coletânea reúne meus três ensaios mais recentes. O primeiro foi escrito em 2012, momento em que surgem insistentes sinais do que está por vir: a eclosão de toda espécie de forças, das mais ativas às mais reativas, que convulsionarão o mundo e nós mesmos. Insinuando-se desde a tomada planetária de poder pelo capitalismo financeirizado e neoliberal, tais forças e seus confrontos intensificam-se vertiginosamente no período que então se anuncia. No Brasil, 2012 é o ano da condenação de réus do assim chamado "Mensalão" pelo Supremo Tribunal Federal, em que fica mais evidente que o que estamos assistindo, já há algum tempo, é a primeira temporada de um seriado intitulado "O Golpe". O ano de 2012 é também quando já se anuncia o acontecimento das intempestivas manifestações de massa de 2013 por todo o País.

Os demais ensaios foram escritos entre 2016 e início de 2018, já em pleno calor da ascensão globalitária de forças

---

1 Esta epígrafe compõe-se de três fragmentos extraídos e livremente acoplados de Gilles Deleuze e Félix Guattari, *O Que é a Filosofia?*, trad. Bento Prado Jr. e Alberto Alonso Muñoz, São Paulo: Editora 34, 1992, p. 222.

reativas, mas também da potencialização e proliferação de um novo tipo de ativismo, o qual entrelaça em suas ações as esferas macro e micropolítica. No Brasil, é o momento em que assistimos atônitos aos novos capítulos da primeira temporada do seriado e, em seguida, a sua segunda temporada inteira. As imagens das operações do golpe intercalam-se então com as do fortalecimento e da expansão não só dos movimentos sociais macropolíticos preexistentes, mas também desse novo tipo de ativismo.

Além de não submeter-se à institucionalização, o novo tipo de ativismo não restringe o foco de sua luta a uma ampliação de igualdade de direitos, próprio à insurgência macropolítica. Ele a expande micropoliticamente para a afirmação de um outro direito que engloba todos os demais: o direito de existir ou, mais precisamente, o direito à vida em sua essência de potência criadora. Seu alvo é a reapropriação da força vital, frente a sua expropriação pelo regime colonial-capitalístico que a cafetina[2] para dela alimentar-se, levando o desejo a uma entrega cega a seus desígnios – esse é nada mais nada menos que o princípio micropolítico do regime que hoje domina o planeta. A reapropriação do direito à vida é diretamente encarnada em suas ações: é no dia a dia da dramaturgia social que essas ações acontecem, buscando transfigurar seus personagens e a dinâmica de relação entre eles.

Nesse contexto, chama especialmente a atenção o combate por livrar o desejo da submissão às tóxicas categorias dominantes nos âmbitos da sexualidade e dos supostos gêneros, as quais geram as condições para a expropriação da pulsão

---

2 O sentido que atribuo ao termo "cafetinagem" no âmbito da micropolítica está presente em meu trabalho desde 2002, quando o introduzi no ensaio "A vida na Berlinda". In: *Trópico: Idéias de Norte e Sul*, revista online do portal web UOL, disponível em http://p.php.uol.com.br/tropico/html/textos/1338,1.shl.

vital e sua cafetinagem em todos os demais âmbitos da vida humana. Um combate que, com o mesmo grau de intensidade e inteligência coletiva, se dá igualmente no âmbito das categorias da racialidade – câncer que corrói a sociedade brasileira desde sua fundação, estruturalmente inseparável do princípio da cafetinagem que orienta a política de desejo que nela predomina em todos os seus domínios. Liderada pelos afrodescendentes, também nesse combate busca-se livrar o desejo de sua submissão a esse nefasto destino. O novo tipo de insurreição, com seus dispositivos macro e micropolíticos, manifesta-se com especial vigor entre as gerações mais jovens, sobretudo nas periferias dos centros urbanos. Um exemplo disso é o movimento de ocupação das escolas públicas pelos secundaristas no final de 2015, o qual engloba todos esses âmbitos. Os efeitos desse movimento em nossos corpos são certamente um dos disparadores da escrita do segundo ensaio.

Períodos de convulsão são sempre os mais difíceis de viver, mas é neles também que a vida grita mais alto e desperta aqueles que ainda não sucumbiram integralmente à condição de zumbis – uma condição a que estamos todos destinados pela cafetinagem da pulsão vital. Vale assinalar que em sua dobra financeirizada, o regime colonial-capitalístico exerce essa sua sedução perversa sobre o desejo cada vez mais violenta e refinadamente, levando-o a se entregar ainda mais gozosamente ao abuso. Nesse grau de expropriação da vida, um sinal de alarme dispara nas subjetividades: a pulsão se põe então em movimento e o desejo é convocado a agir. E quando se logra manter em mãos as rédeas da pulsão, tende a irromper-se um trabalho coletivo de pensamento-criação que, materializado em ações, busca fazer com que a vida persevere e ganhe um novo equilíbrio. Por isso momentos como este de agora são sempre também os mais vigorosos e inesquecíveis.

Cada um destes ensaios foi publicado e apresentado em várias línguas e distintos contextos ao longo do tempo e reescrito a cada vez em função dos mesmos e das urgências que neles se impunham ao trabalho do pensamento; ideias iam surgindo também de sua reelaboração em outros ensaios cuja escrita era impulsionada pelos nós na garganta que foram se apresentando durante esses anos; tais ideias iam sendo inseridas nos ensaios anteriores (as versões de cada um deles aqui apresentadas são as mais recentes). Pela mesma razão, de um a outro ensaio, palavras, frases e até parágrafos inteiros se repetem, mas em novas direções, conectados com outras experiências – das mais auspiciosas às mais tenebrosas –, ampliando assim seu sentido. Nessas repetições, que optei propositadamente por manter, há ligeiras modificações, às vezes quase imperceptíveis. Elas respondem à necessidade de refinar a escuta às nuances dos gérmens de mundos fecundados pelos efeitos de tais urgências em nossos corpos, bem como a de buscar palavras cada vez mais afinadas para completar sua germinação, dando nascimento a um modo de corpo-expressão que os injete na corrente sanguínea da vida social, contribuindo à sua maneira para o trabalho coletivo que visa sua transfiguração.

Para os guaranis, tais necessidades são óbvias, como nos faz ver sua própria língua. Eles chamam a garganta de *ahy'o*, mas também de *ñe'e raity*, que significa literalmente "ninho das palavras-alma".[3] É porque eles sabem que embriões de palavras emergem da fecundação do ar do tempo em nossos corpos em sua condição de viventes e que, nesse caso, e só nele, as palavras têm alma, a alma dos mundos atuais ou

---

3 Agradeço a Ticio Escobar pela cuidadosa, lenta e suave iniciação à língua guarani.

em gérmen que nos habitam nesta nossa condição. Que as palavras tenham alma e a alma encontre suas palavras é tão fundamental para eles que consideram que a doença, seja ela orgânica ou mental, vem quando estas se separam – tanto que o termo *ñe'e*, que eles usam para designar "palavra", "linguagem", e o termo *anga*, que usam para designar "alma", significam ambos "palavra-alma". Eles sabem igualmente que há um tempo próprio para sua germinação e que, para que esta vingue, o ninho tem que ser cuidado. Estar à altura desse tempo e desse cuidado para dizer o mais precisamente possível o que sufoca e produz um nó na garganta e, sobretudo, o que está aflorando diante disso para que a vida recobre um equilíbrio – não será esse o trabalho do pensamento propriamente dito? Não estará exatamente nisso sua potência micropolítica? Não será isso o que define e garante sua ética? E, mais amplamente, não será nisso afinal que consiste o trabalho de uma vida?

Que o leitor – ou melhor, "x leitorx" – encontre nas palavras destes ensaios algumas ressonâncias dos afetos das forças do presente em seu próprio corpo. E que tais ressonâncias lhe sirvam de companhia para desatar os nós que estes afetos lhe produzem em sua garganta, deixando germinar palavras que digam nuances, aqui não alcançadas, dos embriões de futuro que se anunciam para além do sufoco. Uma prática cuja razão de ser é precisamente criar cenários que nos tragam de volta o bem-viver, evitando que esses nós se transformem em nódulos patológicos e suas metástases se espalhem como a peste pelo corpo-alma de nós mesmos e de toda a trama social. Este é o sentido da publicação deste livro.

Suely Rolnik, abril de 2018

O INCONSCIENTE COLONIAL-CAPITALÍSTICO

Dirigimo-nos aos inconscientes que protestam. Procuramos aliados. Precisamos de aliados. E temos a impressão de que esses aliados já existem, de que não esperaram por nós, de que há muita gente que está farta, que pensa, sente e trabalha em direções análogas: nada a ver com moda, mas com um "ar do tempo" mais profundo, no qual se fazem investigações convergentes em domínios muito diversos.

Gilles Deleuze e Félix Guattari, 1972[1]

Uma atmosfera sinistra envolve o planeta. Saturado de partículas tóxicas do regime colonial-capitalístico, o ar ambiente nos sufoca.

Com sucessivas transmutações, tal regime vem persistindo e se sofisticando desde o final do século XV, quando se dá sua fundação. Sua versão contemporânea – financeirizada, neoliberal e globalitária – começa a se formar já na virada do século XIX para o século XX e intensifica-se após a Primeira Guerra Mundial, quando se internacionalizam os capitais; mas é a partir de meados dos anos 1970 que atinge seu pleno poder, afirmando-se contundentemente – e não por acaso – após os movimentos micropolíticos que sacudiram o planeta nos anos 1960 e 1970. É já nesse período – meados dos anos 1970 – que se dão os primeiros passos de um trabalho de decifração dos rumos atuais do regime em sua complexa natureza, os princípios que a regem e os fatores que criam as condições para sua consolidação.

---

1 Gilles Deleuze e Félix Guattari, "Sur Capitalisme et Schizophrénie", entrevista a Catherine Backès-Clément, publicada na revista *L'Arc*, n. 49, março de 1972, Paris, pp. 47-55. Publicada no Brasil com o título "Entrevista sobre o Anti-Édipo (com Félix Guattari)". Ver: Gilles Deleuze, *Conversações*, São Paulo: Editora 34, 1992, p. 34.

Porém, como costuma acontecer em momentos de transição radical, é sobretudo a partir de meados dos anos 1990 – quando se fazem sentir mais claramente seus efeitos nefastos na vida cotidiana – que essa decifração se expande e se densifica, dando lugar a um debate coletivo que vem se desdobrando desde então. Tal debate é impulsionado pela experiência dos movimentos sociais que emergem ao longo da década anterior em reação à tomada de poder mundial pelo atual regime. Como raios, esses movimentos vêm irrompendo nos céus do capitalismo globalitário a cada vez que se formam nuvens tóxicas pela densificação da atmosfera em alguma de suas regiões, quando sua perversão ultrapassa o limite do tolerável. A intensidade de irrupção de tais movimentos – equiparável à da violência do regime que os desencadeara – tende então a provocar uma desestabilização temporária de sua tirânica onipotência. E com a mesma velocidade com que surgem, desaparecem, para logo ressurgir, de outro modo e em outros lugares, mobilizados por novos acontecimentos que nos instalam no intolerável – o que os leva evidentemente a produzir outras cartografias, outros sentidos, distintos dos que os antecedem. Essa série de movimentos estende-se até o início dos anos 2000,[2] quando então se interrompe, para

2 Podemos classificar em três tipos os movimentos que eclodiram em várias partes do mundo ao longo da década de 1980 até o início dos anos 2000. O primeiro caracteriza-se por atuar mais especificamente na esfera micropolítica: um exemplo é o movimento Punk – que teve início nos Estados Unidos em meados dos anos 1970 e, no Brasil, no final daquela década e ao longo dos anos 1980 –, que se contrapunha ao otimismo pacifista e romântico do movimento hippie. No Brasil, no mesmo período, ganham força movimentos que se enquadram no segundo tipo, que caracteriza-se por atuar simultânea e indissociavelmente nas esferas micro e macropolíticas – entre os quais movimentos feminista e negro, que, embora tenham nascido já no final do século XIX, com altos e baixos desde então, ganham um novo alento naquela

voltar a reaparecer após a crise de 2008.[3] A nova série de movimentos, que se encontra ainda hoje em curso, emerge em diferentes pontos do planeta, principalmente a partir do início dos anos 2010, que antecedem a escrita deste ensaio. É no contexto desses movimentos e do debate a eles associado que se insere o presente ensaio. Seu ponto de partida é uma das questões em pauta nessa construção coletiva: o modo de relação entre capital e força vital próprio ao regime em sua atual versão, inteiramente distinto de seu modo fordista. Nesta nova versão, o âmbito da força vital de que se alimenta o capitalismo já não se reduz à sua expressão como

---

década. Outro exemplo é o movimento LGBTQI, que, no Brasil, se organiza no final dos anos 1970 e se expande cada vez mais desde a década de 1980. Nesta mesma chave, datam do início dos anos 1990 no Brasil as manifestações que foram chamadas de "Caras-Pintadas" (1992), compostas sobretudo de jovens que, reunidos a favor do *impeachment* de Collor, atuavam também na esfera micropolítica, aspecto que ressurgirá mais contundentemente nas manifestações em massa de 2013. Um exemplo internacional deste segundo tipo de movimento são as manifestações do *May Day* que se espalham pelo mundo em 2001. O terceiro tipo de movimento caracteriza-se por atuar mais especificamente na esfera macropolítica: no Brasil, datam do início dos anos 1980 o movimento das Diretas Já (1983-1984) e o surgimento do Partido dos Trabalhadores, que, no momento de sua fundação, funcionou como um catalizador de movimentos macro e micropolíticos, para logo em seguida reduzir-se à esfera macro; mais para o final dos anos 1980, surgem os movimentos sociais como o MST, assim como aqueles que se organizaram ou se fortaleceram em torno da Assembleia Nacional Constituinte (1987), como é o caso do notório avanço do movimento indígena. Um efeito significativo destes movimentos – que, de distintas maneiras, aconteceram também em outros países do continente sul-americano – é a eleição de governantes de esquerda para a presidência de alguns desses países, no início dos anos 2000, após um período de reconstituição da democracia com o fim dos governos ditatoriais nestes contextos.

3 Entre os movimentos que eclodem pelo mundo no início dos anos 2010, e que aliam macro e micropolítica em sua atuação, citemos: a Primavera árabe (2010), Occupy (2011), Movimiento 15-M e Indignados (2011) e, no Brasil, os movimentos de 2013.

força de trabalho, o que implica uma metamorfose radical da própria noção de trabalho. Isso é acompanhado por uma paulatina diluição da forma Estado democrático e de direito e das leis trabalhistas que dele dependiam, próprias do regime em sua versão anterior.[4]

O abuso da vida

Se a base da economia capitalista é a exploração da força de trabalho e da cooperação intrínseca à produção para delas extrair mais-valia, tal operação – que podemos chamar de "cafetinagem" para lhe dar um nome que diga mais precisamente a frequência de vibração de seus efeitos em nossos corpos – foi mudando de figura com as transfigurações do regime ao longo dos cinco séculos que nos separam de sua origem. Em sua nova versão, é da própria vida que o capital se apropria; mais precisamente, de sua potência de criação e transformação na emergência mesma de seu impulso – ou seja, sua essência germinativa –, bem como da cooperação da qual tal potência depende para que se efetue em sua singularidade. A força vital de criação e cooperação é assim canalizada pelo regime para que construa um mundo segundo seus desígnios. Em outras palavras, em sua nova versão é a própria pulsão de

4 A este respeito ver a obra de Toni Negri e Michael Hardt, especialmente a trilogia composta por *Império*, Rio de Janeiro: Record, 2001; *Multidão: Guerra e democracia na era do Império*, Rio de Janeiro: Record, 2014; e *Bem estar comum*, Rio de Janeiro: Record, 2017. As ideias específicas destes autores com as quais aqui dialogo são desdobramentos da obra conjunta de Gilles Deleuze e Félix Guattari no que diz respeito à relação entre capital e trabalho. Ver sobretudo: Gilles Deleuze e Félix Guattari, *O Anti-Édipo*, Rio de Janeiro: Editora 34, 2010; e *Mil Platôs*, Rio de Janeiro: Editora 34, 1996-1997, publicados originalmente em 1972 e 1980, respectivamente.

criação individual e coletiva de novas formas de existência, suas funções, seus códigos e suas representações que o capital explora, fazendo dela seu motor. Disso decorre que a fonte da qual o regime extrai sua força não é mais apenas econômica, mas também intrínseca e indissociavelmente cultural e subjetiva – para não dizer ontológica –, o que lhe confere um poder perverso mais amplo, mais sutil e mais difícil de combater.

Diante desse quadro, fica evidente que não basta agir na esfera macropolítica, onde atuam tradicionalmente as esquerdas, sobretudo as institucionais – isso explicaria inclusive sua impotência face aos rumos atuais do regime colonial-capitalístico. Segundo a visão introduzida por autores que pensaram a nova relação entre capital e trabalho colocando seu foco na apropriação pelo capital da potência de criação – especialmente Toni Negri e Michael Hardt,[5] que designaram a nova dobra do regime por "capitalismo cognitivo" –, a resistência hoje passaria por um esforço de reapropriação coletiva dessa potência para com ela construir o que tais autores chamam de "o comum".[6] Em diálogo com eles, podemos definir o comum como o campo imanente da pulsão vital de um corpo social quando a toma em suas mãos, de modo a direcioná-la à criação de modos de existência para aquilo que pede passagem. Ainda segundo Hardt e Negri, da construção do comum resultam mudanças nas formas da realidade. Seu argumento é que se, no capitalismo industrial, as formas da força de trabalho e sua cooperação – no caso, organizadas como produção em cadeia

---

5 Ver nota anterior.

6 A noção de "comum" vem sendo elaborada por vários autores de diferentes perspectivas. A problematização desta noção na presente coletânea situa-se num diálogo com a perspectiva adotada por Negri e Hardt, agregando à sua ideia de construção do comum uma dimensão estética e, principalmente, clínica, necessárias para sua viabilização.

– eram pré-definidas pelo capital, no modo de expropriação dessa força próprio à nova versão do regime, suas formas não são pré-determinadas, pois é da própria potência de sua construção que se apropria o capital. Se por um lado, segundo eles, isso abriria uma possibilidade de autonomia na condução do destino da força vital, no entanto, tal força é desviada a favor da produção de cenários para a acumulação de capital.

Ainda segundo os autores, partindo do princípio de que a potência vital pertence a quem trabalha, é precisamente a experiência de sua relativa autonomia que gera condições favoráveis para sua reapropriação. Retomando a conversa com eles, podemos acrescentar que é da reapropriação desejante, individual e cooperativa, do destino ético da pulsão vital[7] – em síntese, de sua reapropriação ontológica – que pode resultar um desvio coletivo de seu abuso pelo regime na direção de uma ética da existência. No entanto, como os autores nos apontam, sua reaproriação pela sociedade é virtual enquanto não encontra suas formas de atualização. Buscar tais formas depende de uma vontade coletiva de agir visando a construção do comum, o que não é dado *a priori*.

É exatamente nessa direção que vem atuando parte dos citados movimentos coletivos que irrompem em meados dos anos 1990 e voltam a irromper em diferentes momentos desde então – no ativismo propriamente dito e, não por acaso, também na arte, sendo suas fronteiras cada vez mais

---

7 A ideia de "destino ético da pulsão", inspirada em Jacques Lacan, tal como aqui proposta vem do trabalho do psicanalista e teórico brasileiro João Perci Schiavon. Ver especialmente sua tese de doutorado, *Pragmatismo Pulsional*, defendida em 2007 no Núcleo de Estudos e Pesquisas da Subjetividade do Departamento de Psicologia Clínica da Pontifícia Universidade Católica de São Paulo e seu artigo homônimo publicado na revista *Cadernos de Subjetividade*, Revista do Núcleo de Estudos e Pesquisas da Subjetividade, pp. 124-131, São Paulo, 2010.

indiscerníveis. Nessa transterritorialidade criam-se condições mais favoráveis para a mobilização da potência de criação das práticas ativistas, bem como da potência micropolítica nas práticas artísticas que, apesar de terem em tal potência sua essência, encontram-se hoje dela destituídas em favor de sua cafetinagem pelo capital, que tem nesse domínio uma fonte privilegiada para sua expropriação.

Uma inquietação move a escrita deste ensaio: se já é um passo importante reconhecer, como fazem os autores mencionados, que não basta resistir macropoliticamente ao atual regime e que é preciso agir igualmente para reapropriar-se da força de criação e cooperação – ou seja, atuar micropoliticamente –, reconhecê-lo racionalmente não garante ações eficazes nessa direção. É que a reapropriação do impulso de criação só se efetua ao incidir sobre as ações do desejo, de modo a imprimir-lhes sua direção e seu modo de relação com o outro; no entanto, tais ações tendem a chocar-se com a barreira da política de produção da subjetividade e do desejo inerentes ao regime vigente. Como em qualquer outro regime, é o modo de subjetivação que nele se produz que lhe confere sua consistência existencial, sem a qual ele não se sustentaria; um não vai sem o outro. No caso da nova dobra do regime colonial-capitalístico, o abuso da pulsão vital nos impede de reconhecê-la como nossa, o que faz com que a sua reapropriação não seja tão óbvia como gostaria nossa vã razão.

Levando isso em consideração, é evidente que não se logra retomar as rédeas dessa potência por um simples decreto da vontade, por mais imperiosa que esta seja, nem por meio da consciência, por mais lúcida e bem-intencionada. Tampouco é possível reapropriar-se coletivamente dessa potência como um só corpo supostamente natural, que estaria dado *a priori* e, ainda por cima, com sinergia absoluta entre todos os elementos que o compõem – como pretendem os arautos messiânicos de um paraíso terrestre. É preciso resistir no próprio campo da política de produção da subjetividade e do desejo dominante no regime em sua versão contemporânea – isto é, resistir ao regime dominante em nós mesmos –, o que não cai do céu, nem se encontra pronto em alguma terra prometida. Ao contrário, esse é um território que tem que ser incansavelmente conquistado e construído em cada existência humana que compõe uma sociedade, o que intrinsecamente inclui seu universo relacional. De tais conexões originam-se comunidades temporárias que pretendem agir nessa direção construindo o comum. Entretanto, tais comunidades jamais ocupam o corpo da sociedade como um todo, pois ele se faz e se refaz no inexorável embate entre diferentes tipos de forças.

Mas como liberar a vida de sua cafetinagem?

Insurgir-se nesse terreno implica que se diagnostique o modo de subjetivação vigente e o regime de inconsciente que lhe é próprio, e que se investigue como e por onde se viabiliza um deslocamento qualitativo do princípio que o rege. Sem isso, a tão aclamada proposta de reapropriação coletiva da força criadora como profilaxia para a patologia do presente não sairá do laboratório das ideias, correndo o risco de permanecer confinada no plano imaginário e suas belas ilusões alentadoras – elas mesmas dispositivos de captura.

Proponho designar por "inconsciente colonial-capitalístico" a política de inconsciente dominante nesse regime, a qual atravessa toda sua história, variando apenas suas modalidades junto com suas transmutações e suas formas de abuso da força vital de criação e cooperação. Nesse sentido, podemos também designá-lo por "inconsciente colonial-cafetinístico", pelas razões acima evocadas. É provavelmente à resistência a esse regime de inconsciente que se referem Deleuze e Guattari, quando clamam por um protesto dos inconscientes, já em 1972 – quando apenas se esboçava o trabalho de elaboração coletiva da arrojada experiência de Maio de 1968 e, simultaneamente, a tomada de poder pelo novo regime manifestava seus primeiros sinais, todavia nebulosos.

A intenção que move o presente texto é perscrutar a modalidade atual do inconsciente colonial-cafetinístico introduzida pelo capitalismo financeirizado e neoliberal – a qual se define, insisto, pelo sequestro dessa força no próprio nascedouro de seu impulso germinador de mundos. Mas como driblar esse regime de inconsciente em nós mesmos e em nosso entorno? Em outras palavras, em que consistiria o tal protesto dos inconscientes?

Responder a esta pergunta exige um trabalho de investigação que só pode ser feito no campo da própria experiência subjetiva. Há que se buscar vias de acesso à potência da criação em nós mesmos: a nascente do movimento pulsional que move as ações do desejo em seus distintos destinos. Um trabalho de experimentação sobre si que demanda uma atenção constante. Em seu exercício, a formulação de ideias é inseparável de um processo de subjetivação em que essa reapropriação se torna possível por breves e fugazes momentos e cuja consistência, frequência e duração aos poucos se ampliam, à medida que o trabalho avança.

Assim sendo, o trabalho necessário para responder a esta pergunta nos exige que, junto com o deslocamento da política de produção da subjetividade e do desejo dominante na nova versão da cultura moderna ocidental colonial-capitalística, desloquemos igualmente a política de produção do pensamento própria a essa cultura, ativando sua medula vital e sua habilidade para desarmar as configurações do poder. Sem isso, nossa intenção morre na praia. Da perspectiva desses deslocamentos, pensar e insurgir-se tornam-se uma só e mesma prática; uma não avança sem a outra. Corrobora com essa indissociabilidade o fato de que, embora tal prática só possa realizar-se, por princípio, no âmbito de cada existência, ela não se dá isoladamente. Primeiro porque seu próprio motor não começa nem termina no indivíduo, já que sua origem são os efeitos das forças do mundo que habitam cada um dos corpos que o compõem e seu produto são formas de expressão dessas forças – processos de singularização em cada um deles, que se esculpem num terreno comum a todos e o transfiguram. Nada a ver com autorreflexividade, interioridade ou assuntos privados. A segunda razão, inseparável da primeira, é que tal prática alimenta-se de ressonâncias de outros esforços na mesma direção e da força coletiva que elas promovem – não só por seu poder de polinização, mas também e sobretudo pela sinergia que produzem.

Ressonâncias desse tipo não são apenas encontráveis em um campo determinado do saber que teria o suposto monopólio da *expertise* no assunto – como por exemplo os estudos culturais, pós-coloniais ou *queer*, que seriam os mais óbvios. Podemos encontrá-las em vários campos da prática teórica e, mais do que isso, elas podem surgir da produção de pensamento em qualquer esfera da vida coletiva – da assim chamada "alta cultura" à canção popular, passando pelas experimentações que se fazem, entre outras esferas, nas da sexualidade, da relação com o outro, da agricultura ou naquilo que os povos indígenas têm insistido em nos dizer desde que ousaram tomar a palavra publicamente em alto e bom som. Tais ressonâncias e as sinergias que produzem criam as condições para a formação de um corpo coletivo comum cuja potência de invenção, agindo em direções singulares e variáveis, possa refrear o poder das forças que prevalecem em outras constelações – aquelas que se compõem de corpos que tentam cafetinar a pulsão vital alheia ou que se entregam a sua cafetinagem. Com essas sinergias, abrem-se caminhos para desviar tal potência de seu destino destruidor.

É esta precisamente a perspectiva que rege o pensamento na elaboração deste ensaio – ela é, portanto e por princípio, não só transdisciplinar, mas indissociável de uma pragmática clínico-política. Sendo este necessariamente o trabalho de muitos e de cada um e que nunca se esgota, as ideias que serão aqui compartilhadas são apenas algumas ferramentas conceituais entre as que estão sendo hoje inventadas em múltiplas direções para encarar a pergunta acima colocada: "Como liberar a vida de sua cafetinagem?" Tal processo de invenção decorre da inteligência coletiva que vem se ativando em velocidade exponencial, mobilizada pela urgência de enfrentar o alto grau de perversão do regime em sua nova versão. As ferramentas aqui sugeridas nos auxiliarão a examinar tanto a política de produção da subjetividade, do desejo, do pensamento e da relação com o outro que nos leva a uma entrega cega à apropriação da força de criação pelo capital, quanto aquela em que se viabiliza sua reapropriação. Contaremos assim com um critério para estabelecer a distinção entre essas micropolíticas e o tipo de formações do inconsciente que resulta de cada uma delas no campo social.

Para evidenciar o que basicamente as diferenciaria, evocarei Lygia Clark. Se recorro a essa artista brasileira é porque ela inventou uma profusão de "proposições", como ela mesma chamava essas práticas, que favorecem naqueles dispostos a experimentá-las o acesso à sua própria potência de criação e à eventual ativação do trabalho para dela reapropriar-se, inviabilizando seu abuso o máximo possível. Em outras palavras, tais obras lhes proporcionam uma oportunidade de lançar-se num processo que os leve a driblar o poder do inconsciente colonial-capitalístico em suas próprias subjetividades; ou, no mínimo, de legitimar e fortalecer esse processo, caso o mesmo já esteja em andamento. Privilegiarei apenas *Caminhando*, a primeira dessas proposições da artista e da qual surgiram todas as demais. A obra nos fornecerá a base para aquilo que pretendo aqui explorar.

Caminhando com Lygia Clark pela superfície topológica

Caminhando data de 1963. Sua criação é uma resposta singular a um dos desafios que impulsionaram o movimento das práticas artísticas nos anos 1960 até 1970: ativar a potência clínico-política da arte, sua potência micropolítica, então debilitada por sua neutralização no sistema da arte. O impulso que deu origem a esse movimento resultou de um longo processo desencadeado pelas vanguardas do início do século XX, cujas invenções foram se capilarizando pela trama social, interrompendo-se apenas durante a Primeira e Segunda Guerras Mundiais. Finda a Segunda Guerra, tal capilarização retomou seu curso ainda mais radical e densamente até gerar o amplo movimento social que sacudiu o planeta nos anos 1960 até meados dos anos 1970, marcado pela reapropriação da pulsão criadora em práticas coletivas na vida cotidiana, muito além do campo restrito da arte.

A origem dessa proposição de Clark foi um estudo da artista para uma obra que posteriormente – e não por acaso

– ela intitulou *O antes é o depois*. Inaugurava-se com esse estudo um novo rumo de sua conhecida série *Bichos*, voltado para a exploração da fita de Moebius: uma superfície topológica na qual o extremo de um dos lados continua no avesso do outro, o que os torna indiscerníveis e a superfície, uniface.

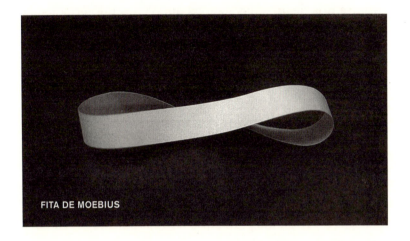

FITA DE MOEBIUS

Em seu estudo para essa obra, a artista investigava sucessivos cortes longitudinais na superfície de uma fita de Moebius, feita de papel. À medida que a investigação avança, Clark vai se dando conta de uma experiência ímpar que ocorre no instante mesmo do ato de cortar. Aos poucos a artista decifra o que essa experiência lhe revela: a obra propriamente dita se plasma nessa ação e na experiência que promove, e não no objeto que dela resultaria. Tal experiência consiste na abertura de uma outra maneira de ver e de sentir o tempo e o espaço: segundo ela, um tempo sem antes nem depois; um espaço sem frente e verso, dentro e fora, em cima e embaixo, esquerda e direita. E mais, um devir da forma da tira de papel, que acontece a cada volta do recorte em sua superfície, traz a experiência de um tempo imanente ao ato de cortar. Essa outra maneira de ver e de sentir lhe dá, portanto, acesso à experiência de um espaço que não precede o ato, mas dele decorre e que, sendo assim, tampouco pode ser dissociado do tempo. Em síntese: vivido dessa perspectiva, o espaço surgiria dos devires das formas que vão sendo criadas na superfície topológica da tira, produtos das ações de cortá-la.

Faça seu próprio *Caminhando*

A revelação deixa Lygia Clark perplexa e a leva a converter essa experiência numa proposição artística, para a qual ela escolhe o nome *Caminhando*. Ela consiste em oferecer ao público tiras de papel, tesouras e cola, junto com instruções de uso breves e simples, com uma só ressalva: a cada vez que se reencontre um ponto que se escolhera anteriormente para perfurar a superfície, este deve ser evitado para prosseguir recortando.

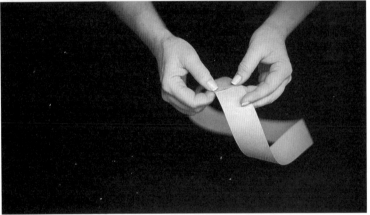

Aqueles que se dispusessem a viver essa obra teriam que se apropriar dos objetos que Clark colocava à sua disposição. Com eles, montariam sua própria fita de Moebius, fazendo uma torção na tira de papel e colando a superfície de uma das extremidades ao avesso da outra. Deveriam então escolher um ponto qualquer de sua superfície para, a partir dele, iniciar o corte no sentido longitudinal e seguir cortando até que esta se esgotasse, não havendo mais espaço para novas perfurações. Nesse momento, independentemente de ter sido ou não respeitado a ressalva da artista, a tira voltava a ter duas faces, readquirindo frente e verso, dentro e fora, em cima e embaixo, esquerda e direita – deixava de ser uma superfície topológica.

Certamente, não é à toa que a artista decidiu fazer essa ressalva; ao contrário, de levá-la em consideração dependeria a própria possibilidade de haver obra. É que o ato de cortar não é neutro: seus efeitos variam segundo o tipo de recorte que cada um escolhe efetuar em seu "caminhando".

Se seguirmos a ressalva da artista e escolhermos um novo ponto a partir do qual prosseguir cortando – a cada volta que dermos na superfície e nos depararmos com um ponto já perfurado –, uma diferença se produzirá em sua forma e no espaço que se cria a partir dela. A forma irá se multiplicando numa variação contínua, que somente se esgota quando já não resta superfície alguma para recortar. A obra se efetua na repetição do ato criador de diferença e nele se encerra. Em suma, a obra propriamente dita é o acontecimento dessa experiência.

SE VOCÊ EVITA OS MESMOS
PONTOS PARA SEGUIR
RECORTANDO

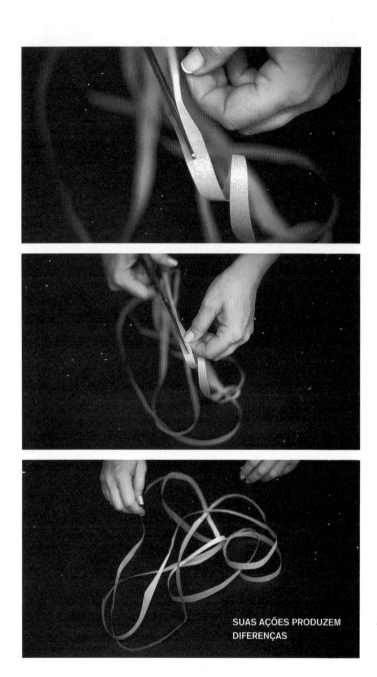

Não obstante, se não seguirmos as instruções da artista – e insistirmos em voltar a recortar a partir de um ponto já perfurado –, o resultado é a reprodução infinita de sua forma inicial. Esta não cessará de permanecer idêntica a si mesma, a cada vez que repetirmos a escolha de nossa ação, até que não haja mais lugar onde recortar. Nesse tipo de corte o ato é estéril, não produz obra: o acontecimento da criação de uma diferença na qual a obra como tal se plasmaria.

SE VOCÊ ESCOLHE SEMPRE O MESMO PONTO PARA SEGUIR RECORTANDO

SUAS AÇÕES REPRODUZEM O MESMO

Mas o que tudo isso teria a ver com reapropriar-se da potência de criação? Mais amplamente, o que tudo isso teria a ver com deslocar-se da política de produção de subjetividade sob domínio do inconsciente colonial-cafetinístico, na qual viabiliza-se a expropriação dessa potência? A resposta a essas perguntas depende de examinarmos a experiência na qual esta proposição se realiza como obra-acontecimento e, sobretudo, a escolha da ação que a torna possível e o que a distingue das escolhas que a impossibilitam.

Com essa intenção, o convido, leitor, a um exercício de fabulação: projete uma fita de Moebius sobre a superfície do mundo e o imagine como uma superfície topológica feita de todo tipo de corpos (humanos e não humanos), em conexões variadas e variáveis – o que nos permitiria qualificá-la de "topológico-relacional". Imagine também que uma de suas faces corresponda às formas do mundo, tal como moldado em sua atualidade; enquanto que a outra corresponde às forças que nele se plasmam em sua condição de vivo e também aquelas que o agitam, desestabilizando sua forma vigente. Imagine ainda que, como na fita de Moebius, tais faces sejam indissociáveis, constituindo uma só e mesma superfície, uni-face. De fato, não há forma que não seja uma concretização do fluxo vital e, reciprocamente, não há força que não esteja moldada em alguma forma, produzindo a sustentação vital da mesma, como também suas transfigurações e inclusive sua dissolução, num processo contínuo de diferenciação. Com isto em mente, examinemos primeiro como apreendemos, respectivamente, formas e forças, o tipo de experiências que tais capacidades promovem, bem como a dinâmica da relação que se estabelece entre ambas.

Formas e forças: uma relação paradoxal

Assim como formas e forças são distintas, não são as mesmas as capacidades por meio das quais registram-se os sinais de cada uma delas. Do exercício de tais capacidades resultam duas das múltiplas dimensões da experiência complexa que designamos por "subjetividade". E assim como formas e forças embora distintas são inextrincáveis, constituindo uma só e mesma face da superfície topológico-relacional de um mundo, tais capacidades operam simultânea e inseparavelmente na trama relacional que se tece entre os corpos que a constituem a cada momento – que tenhamos ou não consciência das mesmas e independentemente do grau em que mantenhamos ativa cada uma delas para guiar nossas escolhas e as ações que delas decorrem.

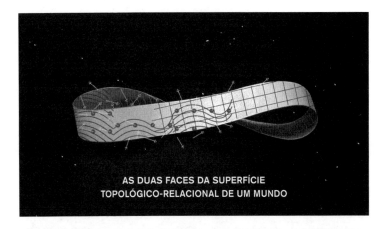

AS DUAS FACES DA SUPERFÍCIE TOPOLÓGICO-RELACIONAL DE UM MUNDO

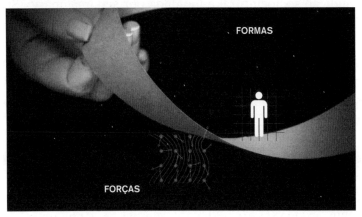

Os sinais das formas de um mundo são captados pela via da percepção (a experiência sensível) e do sentimento (a experiência da emoção psicológica). De tais capacidades se compõe a experiência mais imediata que fazemos de um mundo, na qual o apreendemos em sua concretude e seus atuais contornos – aquilo que chamamos de realidade. São modos de existência, articulados segundo códigos socioculturais, que configuram distintos personagens, seus lugares e sua distribuição no campo social, o que é inseparável da distribuição do acesso aos bens materiais e imateriais, suas hierarquias e suas representações. Tais cartografias e seus códigos orientam esse modo de apreensão de um mundo: quando vemos, escutamos, farejamos ou tocamos algo, nossa percepção e nossos sentimentos já vêm associados aos códigos e representações de que dispomos, os quais projetamos sobre esse algo, o que nos permite atribuir-lhe um sentido.

Proponho qualificar tal capacidade de "pessoal-sensorial--sentimental-cognitiva". Por meio dela se produz a experiência da subjetividade enquanto "sujeito", intrínseca à nossa condição sociocultural e moldada por seu imaginário. Sua função é a de possibilitar que nos situemos na vida social: decifrar suas formas, seus códigos e suas dinâmicas por meio da percepção, da cognição e da informação, estabelecer relações com os outros por meio da comunicação e senti-las segundo nossa dinâmica psicológica. Em resumo, decifrar os sinais das formas nos permite existir socialmente.

Esse modo de apreensão do mundo nos é familiar por princípio, porque é marcado pelos hábitos culturais que nos conduzem no cotidiano. No entanto, nas sociedades ocidentais e ocidentalizadas, sob o poder do regime colonial-capitalístico, a função que tal capacidade desempenha ganha um poder desmesurado. É que na política de subjetivação dominante nesses contextos tendemos a nos restringir à experiência enquanto sujeitos e a desconhecer que se esta é sem dúvida indispensável – por viabilizar a gestão do cotidiano, a sociabilidade e a comunicação –, ela não é a única a conduzir nossa existência; várias outras vias de apreensão de um mundo operam simultaneamente. Tal redução é precisamente um dos aspectos medulares do modo de subjetivação sob domínio do inconsciente colonial-capitalístico.

Examinemos agora a via de apreensão de um mundo que nos permite captar os sinais das forças que agitam seu corpo e provocam efeitos em nosso próprio corpo – aqui, ambos em sua condição de viventes. Tais efeitos decorrem dos encontros que fazemos – com gente, coisas, paisagens, ideias, obras de arte, situações políticas ou outras etc. –, seja presencialmente, seja pelas tecnologias de informação e comunicação à distância ou por quaisquer outros meios. Resultam desses encontros mudanças no diagrama de vetores de forças e das relações entre eles, produzindo novos e distintos efeitos. Introduzem-se outras maneiras de ver e de sentir, que podemos associar à experiência que Lygia Clark teve ao recortar sua fita de Moebius e que a levou a criar *Caminhando*. A essas outras maneiras, Gilles Deleuze e Félix Guattari deram o nome, respectivamente, de "percepto" e "afeto".

O percepto é distinto de percepção, pois consiste numa atmosfera que excede as situações vividas e suas representações. Quanto ao afeto, este não deve ser confundido com afeição, carinho, ternura, que correspondem ao sentido usual dessa palavra nas línguas latinas. É que não se trata aqui de uma emoção psicológica, mas sim de uma "emoção vital", a qual pode ser contemplada nessas línguas pelo sentido do verbo afetar – tocar, perturbar, abalar, atingir; sentido que, no entanto, não se usa em sua forma substantivada. Perceptos e afetos não têm imagem, nem palavra, nem gesto que lhes correspondam – enfim, nada que os expresse – e, no entanto, são reais, pois dizem respeito ao vivo em nós mesmos e fora de nós. Eles compõem uma experiência de apreciação do entorno mais sutil, que funciona sob um modo extracognitivo, o qual poderíamos chamar de intuição; mas como esta palavra pode gerar equívocos,[8] prefiro chamá-lo de "saber-do-corpo" ou "saber-do-vivo", ou ainda "saber eco-etológico". Um saber intensivo, distinto dos conhecimentos sensível e racional próprios do sujeito.

Tal capacidade, que proponho qualificar de "extrapessoal--extrassensorial-extrapsicológica-extrassentimental-extra-cognitiva", produz uma das demais experiências do mundo que compõem a subjetividade: sua experiência enquanto "fora-do-sujeito", imanente à nossa condição de corpo vivo – a qual chamei de "corpo-vibrátil" e, mais recentemente, de "corpo-pulsional". Nessa esfera da experiência subjetiva, somos constituídos pelos efeitos das forças e suas relações que agitam o fluxo vital de um mundo e que atravessam singularmente todos os corpos que o compõem, fazendo deles um só corpo, em variação contínua, quer se tenha ou não consciência disto.

A função dessa capacidade é, portanto, a de nos possibilitar existir nesse plano, imanente a todos os viventes, entre os quais se estabelecem relações variáveis, compondo a biosfera em processo contínuo de transmutação. O meio de relação com o outro nesse plano é distinto da comunicação, característica do sujeito: podemos por ora chamá-lo de "ressonância" ou "reverberação", na falta de uma palavra que o designe mais precisamente. Aqui não há distinção entre sujeito cognoscente e objeto exterior: o outro, humano ou não humano, não se reduz a uma mera representação de algo que lhe é

---

8 Os sentidos usuais da palavra "intuição" tendem a estar marcados pela perspectiva exclusiva do sujeito, ao qual se encontra reduzida a experiência subjetiva em nossa cultura e que resulta em seu logocentrismo. Desta perspectiva, todo e qualquer modo de decifração do mundo que seja distinto do modo cognitivo, próprio do sujeito, é considerado inferior. Chega-se inclusive a demonizar a intuição, em momentos em que sua expressão ameaça demasiadamente o *status quo*.

exterior, como o é na experiência do sujeito; o mundo vive efetivamente em nosso corpo e nele produz gérmens de outros mundos em estado virtual. A pulsação desses mundos larvares em nosso corpo nos lança num estado de estranhamento. Este se intensifica nas sociedades ocidentais e ocidentalizadas, as quais abrangem hoje o conjunto do planeta. É que a redução ao sujeito na política de subjetivação que nelas prevalece implica em estarmos dissociados de nossa condição de viventes, o que nos separa dos afetos e perceptos e nos destitui do saber-do-vivo. Com a obstrução do acesso aos efeitos das forças do mundo em nosso corpo, embora os mundos virtuais que eles engendram nos perturbem, somos impedidos de apreendê-los, o que torna sua pulsação ainda mais estranha. Esse é um segundo aspecto essencial do modo de subjetivação sob domínio do inconsciente colonial-capitalístico, inseparável do primeiro.

O paradoxo disparador do desejo

As experiências de cada uma das faces da superfície topológico-relacional do mundo funcionam segundo lógicas, escalas e velocidades inteiramente díspares. Sendo elas simultâneas e indissociáveis e, ao mesmo tempo, irredutíveis uma à outra, a dinâmica da relação que se estabelece entre ambas não é de uma oposição, mas sim de um paradoxo. Tal dinâmica nunca desemboca em síntese alguma (nem sequer dialética), tampouco na dominação ou na anulação de uma pela outra (como prometem certas teorias do desenvolvimento cognitivo e psicológico, que mais são ideologias que sustentam o império do sujeito, próprio da cultura moderna ocidental colonial-capitalística). Em suma, tal relação não desemboca em qualquer tipo de harmonia ou estabilidade permanentes; ao contrário, por ser paradoxal ela é por princípio incontornável, produzindo uma tensão constante, que varia apenas em grau.

Sendo assim, os mundos virtuais engendrados na experiência das forças produzem uma fricção com a experiência das formas moldadas segundo as cartografias socioculturais vigentes. A razão é simples: o fato de tais cartografias serem a materialização de arranjos de forças anteriores – distintos do atual, pois resultam de outros corpos e outras conexões entre eles – impede a expressão dos mundos virtuais gerados pelo novo arranjo de forças no presente. A subjetividade se vê lançada na experiência de um estado concomitantemente estranho e familiar, o que desestabiliza seu contorno e as imagens que ela tem de si mesma e do mundo, provocando-lhe um mal-estar. Gera-se com isso uma tensão entre, de um lado, o movimento que pressiona a subjetividade na direção da "conservação das formas em que a vida se encontra materializada" e, de outro, o movimento que a pressiona na direção da "conservação da vida em sua potência de germinação", a qual só se completa quando tais embriões tomam consistência em outras formas da subjetividade e do mundo, colocando em risco suas formas vigentes. Tensionada entre esses dois movimentos, a subjetividade converte-se num grande ponto de interrogação, para o qual terá que encontrar uma resposta.

Podemos chamar esse ponto de interrogação tensionante de "inconsciente pulsional".[9] Ele é o motor dos processos de subjetivação: a pulsação do novo problema dispara um sinal

---

9 A noção de "inconsciente pulsional", que adotamos aqui, inspira-se no modo como esta vem sendo trabalhada pelo psicanalista e teórico brasileiro João Perci Schiavon. Nota 7 deste ensaio.

de alarme que convoca o desejo a agir, de modo a recobrar um equilíbrio vital, existencial e emocional. O desejo é então impelido a fazer cortes na superfície topológico-relacional do mundo que devolva à subjetividade um contorno, uma direção e seu sentido.

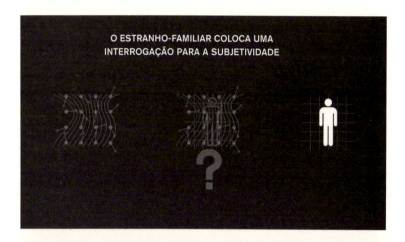

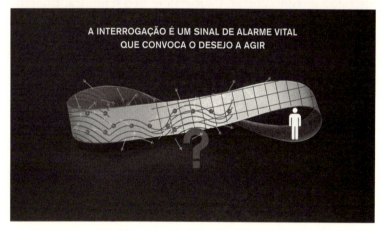

É exatamente no momento em que o desejo é convocado a agir que se definirão suas políticas e aquilo que as distingue, as quais correspondem a diferentes regimes do inconsciente pulsional. Para descrevê-las, sugiro que voltemos ao *Caminhando* que nos propõe Lygia Clark, lembrando agora dos dois tipos de corte na superfície da fita de Moebius que essa proposição nos permitiu acompanhar.

Fabulando dois polos opostos de políticas do desejo

Aqui o convido, leitor, a retomar seu exercício de fabulação. Primeiro projete na superfície topológico-relacional do mundo a ação de recortar. Em seguida, considerando que o desejo é o que age em nós, imagine aqueles dois tipos de corte como correspondendo a duas políticas das ações do desejo frente à interrogação que o colocou em movimento – já sabendo, pelo que vimos em *Caminhando*, que a escolha de onde e como cortar a superfície não é neutra. Imagine então que as duas políticas do desejo em questão ocupariam os extremos opostos no vasto e complexo espectro de micropolíticas que orientam suas ações no atual regime, de cujo embate resultam os destinos da realidade – da posição do desejo mais submissa ao regime de inconsciente colonial-capitalístico, na qual se daria uma entrega total à expropriação da força de criação, à mais desviante, na qual se daria sua total reapropriação.

Evidentemente, essas posições diametralmente opostas são casos de figura ficcionais: elas jamais dominam totalmente a orientação do desejo, nem existem em estado puro. Oscilamos entre várias micropolíticas ou posições mais ou menos próximas de uma ética da existência que, em maior ou menor grau, variam em cada momento de nossas vidas e ao longo de seu transcurso. Do mesmo modo, é equivocado pensar o corpo coletivo – formado pelo embate entre diferentes vetores de força do impulso vital do qual decorre a construção da realidade – como homogêneo e muito menos estável, seja na posição de deixar que essa força seja apropriada, seja naquela que resiste à sua apropriação e inventa outros mundos, com outro regime do inconsciente a orientar suas formações. Se valer-se desse artifício pode nos ser útil, é apenas porque nos permitirá distinguir com mais nitidez as características essenciais das micropolíticas com poder potencial de escapar do domínio do inconsciente colonial-cafetinístico daquelas que, ao contrário, nos levam a nos submeter a ele e reproduzi-lo ao infinito. Isso nos permitirá igualmente explorar o tipo de formações do inconsciente que resulta de cada uma dessas micropolíticas no campo social.

Micropolítica ativa e sua bússola ética

Peço que se lembre primeiro do tipo de ação do desejo que evita fazer cortes em pontos anteriormente escolhidos, tal como em *Caminhando* quando se leva a sério a ressalva de Lygia Clark. Imagine agora esse tipo de corte sendo feito na superfície topológico-relacional de um mundo, na qual operam-se as ações do desejo.

Pois bem, essa política do desejo é própria de uma subjetividade que habita o paradoxo entre suas duas experiências simultâneas, como sujeito e fora-do-sujeito. Uma subjetividade que consegue sustentar-se na tensão entre as forças que delas emanam, as quais desencadeiam os dois movimentos paradoxais que constituem o inconsciente pulsional. E que logra igualmente manter-se alerta aos efeitos dos novos diagramas de forças, gerados na experiência intensiva de novos encontros e tolera as turbulências que tais encontros provocam em sua experiência como sujeito – precisamente as turbulências que a lançam no estado estranho-familiar. Ou seja, trata-se aqui de uma subjetividade que está apta a sustentar-se no limite da língua que a estrutura e da inquietação que esse estado lhe provoca, suportando a tensão que a desestabiliza e o tempo necessário para a germinação de um mundo, sua língua e seus sentidos. É que ela sabe (extracognitivamente) sem saber (cognitivamente) que cortar a superfície nos mesmos pontos não lhe devolveria o equilíbrio, pois a manteria confinada na forma que perdeu seu sentido, cuja falência é responsável por sua desestabilização.

O que orientará o desejo em seus cortes, nesse caso, é a busca de uma resposta ao ponto de interrogação que se colocou para a subjetividade ao se ver destituída de seus parâmetros habituais. Em suas ações, ele se conectará com pontos inabituais da superfície para fazer seu corte, buscando vias de passagem para a germinação e o nascimento do referido embrião de mundo que habita silenciosamente o corpo. A atualização desse mundo em estado virtual que seu gérmen anuncia se efetuará por meio da invenção de algo – uma ideia, uma imagem, um gesto, uma obra de arte, entre outros; mas também um novo modo de existência, de sexualidade, de alimentação, uma nova maneira de relacionar-se com o outro, com o trabalho, com o Estado ou com qualquer outro elemento do entorno. Seja qual for esse algo, o que conta é que ele carregue consigo a pulsação intensiva dos novos modos de ver e de sentir – que se produziram na teia de relações entre os corpos e que habitam cada um deles singularmente –, de modo a torná-los sensíveis. Em outras palavras, o que importa é transduzir[10] o afeto ou emoção vital, com suas respectivas qualidades intensivas, em uma experiência sensível – seja pela via do gesto, da palavra etc.–, e que esta se inscreva na superfície do mundo, gerando desvios em sua arquitetura atual.

Como em *Caminhando*, imagine que nesse tipo de corte a forma inicial da superfície topológico-relacional do mundo vá se multiplicando e se diferenciando, num processo contínuo de composição e recomposição. Nessa micropolítica, as ações do desejo consistem portanto em atos de criação que se inscrevem nos territórios existenciais estabelecidos e suas respectivas cartografias, rompendo a cena pacata do instituído.

---

10 "Transdução" é uma noção da Física que corresponde a um processo por meio do qual uma energia transforma-se em outra de natureza distinta.

MICROPOLÍTICA ATIVA E
SUA BÚSSOLA ÉTICA

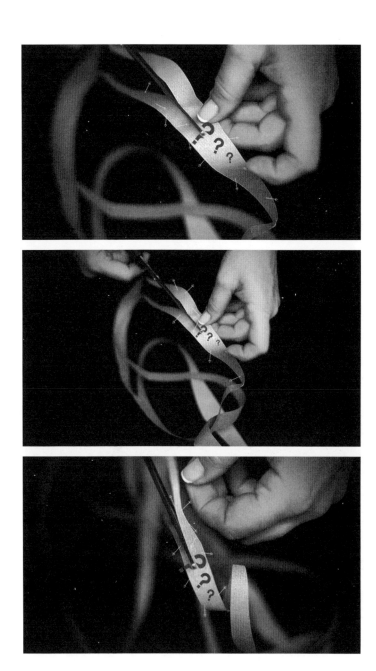

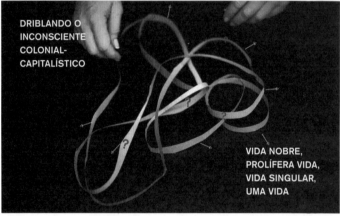

Nesse caso de figura, o motor do desejo em suas ações pensantes é a vontade de conservação da própria vida em sua essência – vontade radicalmente distinta daquela que quer conservar a cartografia em curso. No entanto, a conservação da vida não se dá separadamente das formas vigentes na superfície do mundo; lograr conservá-la depende de negociar com tais formas, de modo a encontrar os pontos onde o desejo poderá perfurar a superfície do mundo para neles inscrever os cortes da força instituinte. Uma bússola ética o guia: sua agulha aponta para as demandas da vida em sua insistência em persistir, mantendo-se fecunda, a cada vez que se vê impedida de fluir na cartografia do presente. Tal bússola orienta as ações do desejo no sentido da criação de uma diferença: uma resposta que seja capaz de produzir efetivamente um novo equilíbrio para a pulsão vital, o que depende de seu poder de atualizá-la em novas formas. Esta é a natureza do que se pode chamar de um "acontecimento", o qual é produzido por este tipo de política do desejo: um devir da subjetividade e, indissociavelmente, do tecido relacional no qual gerou-se sua turbulência e seu ímpeto de agir.

Regido por essa micropolítica, o desejo cumpre sua função ética de agente ativo da criação de mundos, próprio de uma subjetividade que busca colocar-se à altura do que lhe acontece. E se ampliamos o horizonte de nosso olhar para abranger a superfície do mundo tal como ela se configura na atualidade, constataremos que estamos diante da micropolítica de uma vida, individual ou coletiva, que logra reapropriar-se de sua potência e, com ela, driblar o poder do inconsciente colonial-capitalístico que a expropria. Em suma, uma vida que logra orientar-se por uma ética pulsional. Vida nobre, prolífera vida, vida singular, uma vida.

Micropolítica reativa e sua bússola moral

Peço que imagine agora, leitor, o tipo de ação na superfície topológico-relacional do mundo de um desejo que insiste em escolher pontos já conhecidos para fazer seus cortes – como em *Caminhando* quando não se leva em conta a ressalva de Lygia Clark. Esse tipo de corte corresponderia ao outro caso de figura ficcional, situado no extremo oposto do amplo leque de micropolíticas possíveis: a da posição mais submissa ao inconsciente colonial-cafetinístico. Como é essa justamente a micropolítica que viabiliza a expropriação da força de criação, esmiucemos mais detidamente sua dinâmica.

Diferentemente do modo de subjetivação que acabamos de vislumbrar, essa política do desejo é própria de uma subjetividade reduzida à sua experiência como sujeito, na qual começa e termina seu horizonte. Por estar bloqueada em sua experiência fora-do-sujeito, ela se torna surda aos efeitos das forças que agitam um mundo em sua condição de vivente, ignorando aquilo que o saber-do-corpo lhe indica. O gérmen de mundo que a habita é por ela vivido como um corpo a tal ponto estranho e impossível de absorver que se torna aterrorizador, razão pela qual deverá ser calado a qualquer custo e o mais rapidamente possível.

Esse tipo de subjetividade vive o universo exclusivamente como um objeto que lhe é exterior e o decifra apenas da perspectiva de sua experiência como sujeito. A imagem de si que resulta dessa redução é a de um indivíduo – um todo indivisível, como o próprio termo indica. É a imagem de uma suposta unidade cristalizada separada das demais supostas unidades que constituiriam um mundo, o qual é indissociavelmente concebido aqui como uma suposta totalidade, organizada segundo uma repartição estável de elementos fixos, cada um em seu suposto lugar, igualmente fixo.

É evidente o teor alucinatório dessa imagem de uma conservação eterna do *status quo* de si e do mundo, pois se tal conservação de fato ocorresse, isto implicaria no estancamento dos fluxos vitais que animam a existência de ambos, o que no limite significaria sua morte. O que, no entanto, leva a subjetividade à crença nessa miragem é o medo de que a dissolução do mundo estabelecido carregue consigo sua própria dissolução. É que, sendo o sujeito estruturado na cartografia cultural que lhe dá sua forma e nela se espelha como se fosse o único mundo possível, da perspectiva desse tipo de subjetividade reduzida ao sujeito e que com ele se confunde, o desmoronamento de "um mundo" é interpretado como sinal do fim "do mundo", bem como de seu "suposto si mesmo". Se a tensão entre estranho e familiar lhe traz esse perigo imaginário é porque, assim limitada ao sujeito, a subjetividade desconhece o processo que leva à constante transmutação de si e do mundo, por não ter como nele sustentar-se. Impossibilitada de imaginar um outro mundo e de se reimaginar distinta do que considera ser seu suposto si mesmo, ela se protege acreditando que "esse mundo", o seu, pode durar tal e qual para sempre. Tomada pelo medo que provoca esse perigo imaginário de desfalecimento, ela é invadida por fantasmas que a assombram – seres de imagens que se projetam sobre suas experiências, a mantendo separada das mesmas. Os fantasmas levam a subjetividade a uma interpretação equivocada do mal-estar da desestabilização que essa experiência paradoxal lhe provoca, o qual é por ela vivido como "coisa ruim". Assim interpretado, tal mal-estar converte-se em angústia do sujeito.

MICROPOLÍTICA REATIVA E SUA BÚSSOLA MORAL

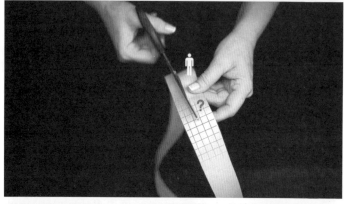

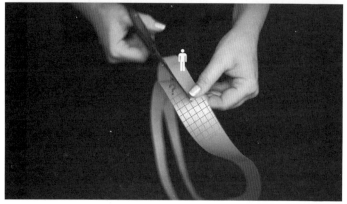

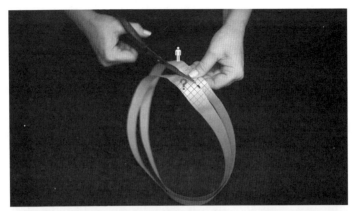

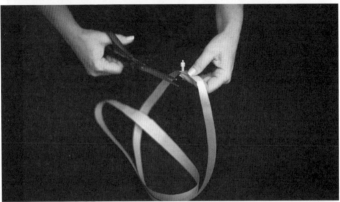

O INCONSCIENTE COLONIAL-CAPITALÍSTICO

Diferentemente da micropolítica correspondente ao polo oposto que descrevemos anteriormente, trata-se aqui de uma subjetividade que não consegue sustentar-se na tensão do paradoxo entre suas experiências como sujeito e fora-do--sujeito, tampouco entre os movimentos paradoxais que sua fricção desencadeia, dos quais se constitui o inconsciente pulsional. O que orientará os cortes do desejo, nesse caso, será, pois, o evitamento do ponto de interrogação pulsional que a vibração do gérmen de mundo coloca para a subjetividade. O desejo é convocado a recobrar um equilíbrio apressadamente e o faz orientado por uma bússola moral, cuja agulha aponta para a cartografia na qual a vida se encontra materializada na superfície topológico-relacional do mundo em sua forma atual. A agulha moral conduz o desejo na direção do rastreamento de modos de existir e representações – ambos resultantes de cortes anteriores – para encontrar um ponto onde apoiar seu corte, de maneira que a subjetividade possa rapidamente refazer para si um contorno reconhecível e livrar-se temporariamente de sua angústia.

O mundo converte-se, assim, num vasto e variado mercado, onde a subjetividade tem a seu dispor uma infinidade de imagens para identificar-se e com as quais estabelecerá uma relação de consumo que lhe permitirá recobrar o alívio fugaz de um quimérico equilíbrio. A escolha do desejo de onde fazer o corte nesse opulento mercado depende do repertório de cada subjetividade e da interpretação que faz da razão de seu desconforto.

Sendo o desconforto interpretado como "coisa ruim", evidentemente alguém tem que ser o culpado. Reduzida ao sujeito, a subjetividade só dispõe de duas opções para determinar de quem é a culpa por seu estado instável, sendo ambas as opções fruto de construções fantasmáticas: o próprio sujeito ou um outro qualquer escolhido para desempenhar o papel de vilão. Em outras palavras, ou a subjetividade introjeta a causa de sua desestabilização como uma suposta deficiência de si mesma, o que impregna sua angústia de sentimentos de inferioridade e vergonha; ou ela a projeta numa suposta maldade que lhe estaria sendo endereçada de fora, o que impregna sua angústia de sensações paranoides, ódio e ressentimento.

Quando a autodepreciação e a vergonha interrompem a germinação de um mundo

No primeiro caso, o da introjeção, na intenção de aplacar o sentimento de autodepreciação e vergonha, o desejo escolherá o ponto da superfície topológica-relacional do mundo mais obviamente adequado a esse fim. São os produtos de tarja preta da indústria farmacológica, cujo mercado alimenta-se precisamente desse desalento e também o alimenta, contribuindo para sua perpetuação, já que confirma a interpretação fantasmática de sua causa e a angústia que lhe provoca ao patologizar a experiência da desestabilização.[11] O uso que a subjetividade deles fará, sejam quais forem, visa nesse caso a neutralização de sua angústia. O fato de sua tensão ser quimicamente controlada não implica

11 Um exemplo acerca da patologização da experiência da desestabilização por parte da psiquiatria que chega a ser caricatural, para não dizer patético, é o diagnóstico de "bipolar" com o qual alguns psiquiatras classificam aquilo que eles consideram ser a suposta "doença dos artistas". Desta perspectiva, interpreta-se como "depressivo" o estado de suspensão em que se encontra a subjetividade do artista quando está em pleno processo de criação, desencadeado por um gérmen de mundo que a habita, mas que ainda não encontrou a expressão adequada para trazê-lo para o sensível; e de "eufórico" ou "maníaco", o estado de gozo vital que se experimenta quando tal gérmen encontra sua expressão.

em absoluto que a subjetividade se colocará mais disponível para escutar o que seu saber eco-etológico lhe assinala – disponibilidade para a qual, aliás, o uso de certos químicos poderia eventualmente contribuir. É que os químicos aqui ministrados neutralizam não só sua angústia, mas igualmente os afetos que a provocaram e tampouco viabilizam a recomposição de seu contorno anterior. Como os medicamentos não lhe trazem a resposta esperada, na insistente ilusão de poder refazer-se um equilíbrio mantendo-se no mesmo lugar a todo custo, outros pontos ainda, já conhecidos, deverão ser escolhidos pelo desejo para a eles conectar-se e neles fazer seus cortes.

Para atribuir um sentido ao sem sentido do estado em que a subjetividade se encontra, o desejo fará suas conexões e cortes em pontos de produtos discursivos oferecidos por traficantes de receitas de uma paz redentora. A oferta é abundante: terapias de treinamento de autoestima, livros de autoajuda ou de anúncio de um suposto *new age*, ideologias de toda espécie, igrejas evangélicas[12] do tipo fundamentalista que proliferam a tal ponto que podem ser encontradas em qualquer esquina do planeta. Poderá também consumir religiões orientais que, em princípio, teriam o poder potencial de levar a subjetividade a experiências de (re)conquista do saber-do-vivo e seu desenvolvimento ao longo da existência, já que atribuem esse saber aos humanos e não a um suposto deus e trabalham seu desenvolvimento do nascimento até a morte em rituais individuais e coletivos. Isto faz delas mais

---

12 O movimento evangélico não se reduz a estas vertentes fundamentalistas; há vertentes, inclusive, que vêm desenvolvendo um trabalho comunitário na linha da Teologia da Libertação proposta pela Igreja Católica e que substitui em parte o trabalho por ela realizado mais ampla e intensamente nos anos 1960 e 1970. Daí frisar que se trata, neste caso, de igrejas evangélicas "do tipo fundamentalista".

uma filosofia ou uma ética da existência do que uma religião propriamente dita, no sentido em que os ocidentais tendem a concebê-la e praticá-la. No entanto, quando essas filosofias são praticadas por subjetividades reduzidas ao sujeito, elas tendem a converter-se em religiões. O saber-do-vivo é então projetado esotericamente em supostas entidades superiores, e os rituais – cuja função seria levá-los a se apropriarem de tal saber – convertem-se em berçários para ninar brancos desamparados e carentes que adquirem com isso uma autoimagem. Em seu mundo esotérico, tal imagem corresponde ao que eles chamam de seres "evoluídos" e "espiritualizados", o que os acalma por um breve momento, permitindo-lhes manter-se no mesmo lugar. Sejam quais forem as receitas para adquirir a tal suposta paz, elas provocam alucinações fantasmáticas que se sobrepõem à avaliação da realidade, acompanhadas de rituais obsessivos que permitem ao sujeito canalizar a energia de sua angústia em ações que lhe devolvam a ilusão de controle. Nesse mesmo registro, o desejo também poderá conectar a subjetividade a complexos discursos intelectuais dos quais, nesse caso, fará igualmente um uso alucinatório, os reduzindo a esqueletos de uma retórica seca e vazia, destituída da carne de um corpo vivo. Em suma, um tipo de relação com tais discursos que neutraliza sua potência de afetar e a ressonância que tais afetos poderiam encontrar no leitor, favorecendo sua própria reapropriação ou ampliação do saber-do-vivo.

Na verdade, tanto faz qual será o ponto discursivo elegido para o corte – da assim chamada "baixa cultura" às mais sofisticadas piruetas filosóficas. É que da perspectiva dessa política de desejo, diferentes visões de mundo passam a equivaler-se, já que a relação que a subjetividade estabelece com qualquer uma delas é a mesma: seu consumo para recobrar temporariamente uma voz por meio de seu mero eco. Seja qual for a visão adotada, ela é usada como um discurso-clichê que serve de guia para uma subjetividade que, dissociada de sua condição de vivente, não tem como saber o que lhe acontece e, muito menos, encontrar palavras para dizê-lo. Em seu lugar, ela consome palavras alheias envoltas numa aura de verdade, que lhe permite idealizá-las e, através de sua mimetização, livrar-se da autodepreciação. É isto que a torna presa fácil de qualquer imagem ou discurso e a faz acatá-las como palavras de ordem.

Mas só os químicos e as plataformas discursivas não garantem a composição de um contorno que devolva à subjetividade um equilíbrio. É que para livrar-se da vergonha e do medo de exclusão que sua autodepreciação lhe provoca, a subjetividade terá que mimetizar também estilos de vida que lhe devolvam, como as palavras, a sensação de pertencimento, condição para sentir-se existindo. Para isso, o desejo a conectará a produtos que o mercado oferece para todos os gostos e segmentos sociais, sedutoramente veiculados pelos meios de comunicação de massa. Tais produtos consistem em narrativas que transmitem imagens de mundos, sempre apresentadas em cenários idílicos protagonizados por personagens idealizados. Deslumbrada, a subjetividade tentará mimetizá-los por meio do consumo de mercadorias associadas a tais cenários fornecedores de performances *prêt-à-porter* (no caso da publicidade essa dinâmica é mais evidente). Como os remédios de tarja preta, as igrejas, as ideologias, os estimuladores de autoestima e os complexos discursos intelectuais, tais mercadorias são usadas como perfumes para disfarçar o odor infecto de uma vida estagnada.

Quando o ódio e o ressentimento interrompem a germinação de um mundo

No segundo caso, em que a causa do mal-estar é interpretada pela subjetividade como sendo a maldade que lhe estaria sendo supostamente direcionada de fora, o desejo elegerá como ponto para seu corte algo que lhe sirva de bode expiatório. Um corpo que a subjetividade esvazia de sua singularidade para transformá-lo em tela branca sobre a qual projetará a razão de seu mal-estar que então se converte em ódio e ressentimento. E esse outro demonizado pode ser uma pessoa, um povo, uma cor de pele, uma classe social, um tipo de sexualidade, uma ideologia, um partido, um chefe de estado etc. São as xenofobias, as islamofobias, as homofobias, as transfobias e outras tantas fobias, assim como os racismos, os machismos, os chauvinismos, os nacionalismos e outros ismos. Isto pode levar a ações extremamente agressivas, cujo poder de contágio tende a criar as condições para o surgimento de uma massa fascista. Não nos faltam exemplos disto na atualidade: para ficar apenas no caso do Brasil, basta citar um dos fenômenos que ocorreram durante a campanha midiática que preparou o terreno para o recente golpe de estado. Manifestações de rua reuniam milhares de pessoas, muitas delas vestidas com a bandeira do País, clamando fervorosamente pelo *impeachment* da presidenta Dilma Rousseff – alguns, muitos, chegando ao cúmulo de pedir a volta da ditadura militar.

Sejam quais forem os pontos escolhidos para o corte em ambos os casos de interpretação fantasmática da causa do mal--estar provocado pela desestabilização – introjeção ou projeção –, as ações do desejo regidas por uma micropolítica reativa têm por efeito a diminuição da potência da condição de vivente, produzindo uma espécie de anemia vital, mas nem por isso menos presente e poderosa em seus efeitos. Como naqueles cortes da fita de Moebius em *Caminhando* quando se ignora a ressalva de Lygia Clark, da política de desejo reativa resulta a eterna reprodução das formas do mundo em sua atual configuração.

Sob o impacto de uma micropolítica reativa regida por uma bússola moral, a subjetividade dissocia-se ainda mais do que lhe acontece. E, se ampliamos o horizonte de nosso olhar para abranger a superfície topológico-relacional do mundo tal como configurada na atualidade, constataremos que o que se debilita é precisamente a potência coletiva de criação e cooperação, condição para a construção do comum, a qual emana do poder de insurgir-se e, ao mesmo tempo, o fortalece. Ao contrário, o que será gerado é a conservação do *status quo*: assim é a micropolítica de uma existência, individual ou coletiva, que deixa sua potência vital criadora ser expropriada, e entrega-se por livre e espontânea vontade, chegando até a fazê-lo com fervor.

Em síntese, comparando as políticas ativa e reativa das ações do desejo, na primeira um novo equilíbrio se faz efetivamente, por meio de um ato de criação que transmuta a realidade com sua força instituinte; enquanto, na segunda, o equilíbrio se refaz fictícia e fugazmente por um ato que, na verdade, interrompe o destino da "potência de criação" própria da vida para reduzi-la à "criatividade". Sendo a criatividade apenas uma das capacidades indispensáveis para o trabalho de criação, quando esta dissocia-se do saber-do--corpo torna-se estéril e não faz senão recompor o instituído. O desejo deixa, aqui, de agir em sintonia com o que a vida lhe demanda, desviando-se assim de sua função ética.

É nisso que reside o veneno da micropolítica imanente à cultura moderna ocidental colonial-capitalística. Seus efeitos tóxicos são a separação da subjetividade de sua força pulsional de germinação e suas sequelas: estanca-se a potência desejante de criação de mundos nos quais se dissolveriam os elementos da cartografia do presente em que a vida se encontra asfixiada. Assim dissociada, a subjetividade está pronta para deixar que esta potência seja cafetinada pelo capital, e é o próprio desejo que orientará suas ações nessa direção, fazendo com que a pulsão passe a gozar nesse lugar.

Regido por esse tipo de micropolítica, o desejo passa a funcionar como agente reativo que interrompe o processo de criação de mundos. Como os gérmens de mundo que habitam os corpos engendram-se no encontro entre eles, formando o campo que os atravessa a todos e faz deles um só corpo, a interrupção de sua germinação na vida de um indivíduo é também, indissociavelmente, um ponto de necrose da vida de seu entorno. Em outras palavras, cada vida que não se coloca à altura do que lhe acontece prejudica a vida de toda sua teia relacional: o veneno que se produz propaga-se como uma peste por seus fluxos e os intoxica, estancando seu processo contínuo de diferenciação. Estes são os efeitos de uma vida sujeitada ao poder perverso do inconsciente colonial-capitalístico. Uma vida genérica, vida mínima, vida estéril, mísera vida.

Quando o abuso perverso se refina

No contexto do capitalismo globalitário financeirizado, como vimos, transmuta-se, refina-se e se intensifica o abuso perverso da força de trabalho (no sentido amplo de todo tipo de ação em que se materializa o movimento da força vital) – abuso que constitui a essência da tradição colonial-capitalística. Já estamos distantes do regime identitário que estruturava a subjetividade no fordismo e lhe atribuía a forma de sua força de trabalho (aqui no sentido literal) e de cooperação.

Produz-se em sua nova dobra uma subjetividade flexível gestora de sua própria potência pulsional, o que, como mencionado no início, pareceria favorecer sua liberdade de lhe imprimir um destino de expansão vital. No entanto, pelo fato da subjetividade estar reduzida ao sujeito, o desejo tende a desviar tal potência de seu destino ético, na esperança de lhe garantir sua suposta estabilidade e sua sensação de pertencimento. Com isso, o que se gera nesse processo são formas de existência das quais se extrai livremente capital econômico, político e cultural. É, portanto, por meio das ações do próprio desejo que a subjetividade alimentará a acumulação de capital e seu poder, oferecendo-se gozosamente ao "sacrifício" – como a trabalhadora do sexo que, enquanto não cai a ficha, se oferece ao cafetão na esperança de que este lhe garanta não só a sobrevivência, mas o próprio direito a existir.

Por si só, isto já seria o suficiente para fomentar a produção de um desejo reativo. Mas há outros fatores que contribuem para que esse seja o destino predominante da força pulsional, agora supostamente autogerida. Com os avanços das tecnologias de informação e comunicação, que no atual regime são cada vez mais velozes, o mal-estar do paradoxo, impulsionador dos processos de subjetivação, faz-se mais frequente e mais intenso. A subjetividade flexível é incessantemente bombardeada por imagens de mundo e narrativas – o que se agrava com sua proliferação robótica que as multiplicam ao infinito –, as quais tornam seus já efêmeros contornos ainda mais rapidamente caducos. Diante disso, por estar reduzida ao sujeito, aumenta sua vulnerabilidade a submeter-se a respostas *prêt-à-porter* as quais, como já assinalado, esses mesmos meios lhe oferecem em abundância. Essa dinâmica cria o solo que sustenta aspectos essenciais do novo regime. Sua vantagem para a economia é óbvia: as mercadorias encontram na fragilidade – e em sua interpretação fantasmática pelo sujeito que nela projeta o perigo de exclusão, seja por autodepreciação ou por persecutoriedade paranoide – a base para seu consumo garantido, podendo assim multiplicar-se ao infinito. Mas a operação de incremento da fragilidade não para por aí: ela é também usada na estratégia de poder introduzida pela nova versão do regime, na qual aliam-se procedimentos micropolíticos aos tradicionais procedimentos macropolíticos, numa tríplice aliança composta pelos poderes Judiciário, Legislativo e midiático.

Quando o poder se vale do desejo como sua principal arma

Se, desde o capitalismo industrial, os meios de comunicação de massa vêm constituindo um importante equipamento do poder, sob a nova versão do regime ela ganha um protagonismo sem precedentes, sobretudo graças aos avanços tecnológicos que permitem uma comunicação generalizada em tempo real. Um exemplo é o que vem se fazendo em vários países da América do Sul, na última década. Com base na edição de informações selecionadas numa aliança entre investigações policiais e poder Judiciário, a mídia constrói narrativas que, veiculadas em tom dramático, amplificam e agravam a imagem da crise econômica e do perigo de que ela seria portadora. Isso alimenta a busca desesperada das subjetividades por uma saída, a qual lhes será oferecida pela mesma narrativa, na figura fictícia de um personagem bode expiatório sobre quem cairia a culpa pela situação de crise, também ficticiamente armada. Assim como a construção da narrativa se baseia em informações reais que são, no entanto, selecionadas e editadas, também desempenharão o papel de bode expiatório figuras ou partidos que se quer eliminar da cena política, em torno dos quais foca-se precisamente a seleção e a edição de informações.

Veiculadas dia após dia, várias vezes repetidas e com diferentes timbres de dramaticidade, tais narrativas oferecem uma pletora de sinais que confirmam a cena temida portadora do perigo de desagregação eminente, fabulada por uma subjetividade reduzida ao sujeito. Sucumbida ao medo, ao ponto em que este ultrapassa o limite do metabolizável e torna-se traumático, ela está pronta para agarrar-se ao conto do bode expiatório para nele projetar a causa de seu mal-estar, como sua única saída, ou pelo menos a mais imediatamente disponível. É, portanto, com alívio que tais narrativas são recebidas e adotadas como verdade por cada um – que, juntos, somam muitos. É que elas justificam o mal-estar e permitem expulsá-lo de si o projetando sobre um outro, além de que seu efeito de contágio gera uma sensação de pertencimento em subjetividades que, por não terem acesso ao corpo-vivo do mundo ao qual pertencem por princípio – acesso a partir do qual poderiam participar da construção do comum –, sentem-se isoladas e temem ser humilhadas e excluídas do convívio social. As manifestações públicas massivas desse tipo de subjetividade constituem o ritual coletivo que lhes oferece a sensação de pertencer a uma comunidade homogênea que forma um todo supostamente estável, a qual substitui a construção múltipla e variável do comum e as protege da ameaça imaginária que essa construção lhes traz.

É com base nesse trauma induzido que se constroem as condições para o poder sem limites do capitalismo globalitário, que passa pela tomada do poder de Estado, em situações em que este todavia não se encontra inteiramente em suas mãos. Isto se faz por meio de algumas operações que se revezam e se juntam, praticadas em diferentes doses. A primeira são as eleições mascaradas de expressão da vontade popular – uma vontade que é, na verdade, mero fruto de manipulação populista através dos procedimentos acima referidos. A segunda são as operações fraudulentas no momento da votação, e a terceira, o *impeachment* dos governantes no poder, quando necessário. Este é realizado pelo parlamento, disfarçado de recuperação da democracia por uma ficção jurídica que lhe assegura a legitimidade e seu amplo apoio popular – uma legitimidade que, nesse caso, é manobrada pela divulgação midiática massiva de tal ficção. Se golpes de Estado efetuados pela força das armas militares interessavam ao capitalismo industrial, estes já não interessam ao capitalismo financeirizado. Estados totalitários são uma pedra no sapato para a livre circulação de capitais, além do fato de este tipo de Estado promover o princípio identitário, quando o novo regime necessita de subjetividades flexíveis.

Em vez da força das armas militares, as armas de que se utiliza o capitalismo globalitário são de duas ordens: a força pulsional e seu porta-voz, o desejo, sua arma micropolítica, articulada a uma aliança com as forças políticas locais mais reativas, sua arma macropolítica. Estas últimas encarnam-se em personagens ignorantes, grosseiros, abrutalhados e extremamente conservadores, remanescentes de um capitalismo pré-finaceirizado e, na maioria dos casos, de uma mentalidade ainda mais arcaica, pré-republicana, colonial e escravocrata. Tais personagens patéticos são usados como laranjas para fazer o trabalho sujo de expulsão de cena dos políticos progressistas, preparando o terreno para a tomada de poder pelo capitalismo financeirizado, mundial por sua própria natureza, já que no mapa de sua circulação não existem fronteiras nacionais. No caso do Brasil, é fácil encontrar esse tipo de figura nos poderes Legislativo, Executivo e Judiciário, que estão neles instalados desde sempre, apenas atualizando seu discurso e procedimentos. Para ficar apenas em dois exemplos mais óbvios, citemos em primeiro lugar os deputados ruralistas, donos do agronegócio que destrói os ecossistemas e expulsa comunidades indígenas de seus territórios ancestrais, recuperados na Constituição de 1988 – quando não as dizimam literalmente em um genocídio impune que sequer é veiculado pela imprensa local. Em segundo lugar, grande parte dos deputados evangélicos com seu moralismo hipócrita e um ferrenho machismo heteronormativo, patriarcal e familista, que se justifica e se legitima pela suposta vontade de Deus. Mais amplamente estão os corruptos, que proliferam indistintamente por todos os partidos e que viabilizam negócios de Estado espúrios em troca de propina das empresas, por meio de superfaturamento e outras falcatruas. O exemplo mais óbvio é o das empreiteiras responsáveis pela construção de equipamentos públicos que, embora sejam empresas locais, são de capital transnacional, com exceção de algumas como a Odebrecht.

O trabalho sujo consiste antes de mais nada em preparar e executar a expulsão dos políticos progressistas de cena. Uma vez consumada esta primeira tarefa, a segunda consiste em decisões tomadas rapidamente pelo poder executivo e/ou legislativo, muitas vezes votadas na calada da noite, quando todos dormem, ou em períodos de férias e feriados – especialmente os de Natal e Ano Novo, quando a sociedade está distraída com compras compulsivas de presentes e celebrações em família, na ânsia de encenar uma imagem de felicidade e harmonia. O ritmo alucinado de tais decisões é difícil de acompanhar, pois quando a sociedade (ou, pelo menos, parte dela) se dá conta de uma dessas decisões, já ocorreu uma outra igualmente violenta que, mais uma vez, passou despercebida. Nem é preciso dizer que tais decisões consistem basicamente em desmantelar as leis trabalhistas e de previdência social e desresponsabilizar o Estado nos setores da educação, saúde, moradia e condições urbanísticas – o que atinge basicamente as camadas mais desfavorecidas –, assim como privatizar o número máximo possível de bens públicos, sobretudo aqueles cobiçados pelo capital privado por sua alta rentabilidade.

No entanto, uma vez feito o trabalho sujo, começa um segundo capítulo, no qual os personagens que o executaram passam a ser também eles ejetados, por meio dos mesmos procedimentos jurídico-midiáticos que haviam expulsado de cena os políticos progressistas. A estratégia consiste em multiplicar, dia após dia, os decretos de prisão de tais políticos, ao mesmo tempo em que se prende os donos e altos executivos das principais megaempresas, com eles mancomunados. A partir das delações "premiadas" de uns contra os outros, passa-se a privilegiar as informações referentes à corrupção desses políticos, os quais são filiados precisamente aos partidos que fizeram o papel de laranjas na derrubada dos governos progressistas. Estes tornam-se os novos protagonistas no papel de bode expiatório na narrativa midiática. Isso, no entanto, não quer dizer que se deixa de focar os políticos de partidos progressistas, os quais continuam na berlinda até sua total destruição. Resolve-se com essa operação dois problemas de um só golpe. O primeiro consiste no expurgo dos tais personagens patéticos da cena política, por meio de sua condenação que lhes retira o direito de exercer funções públicas. Isto tem a vantagem suplementar de dar à operação uma máscara de neutralidade, já que aparentemente a mesma é imparcial, pois visa não só os partidos à esquerda, mas todos os demais partidos e, com isso, leva a crer que a corrupção é seu suposto foco, que nada teria a ver com posições políticas. Gera-se assim mais verossimilhança à ficção da legitimidade constitucional que encobre o golpe de Estado recém-realizado

– o qual aliás continua em curso por meio dessa operação. O terreno fica livre para a tomada de poder por administradores formados no capitalismo de última geração, que azeitarão os trilhos do País para o tráfico mais eficiente dos fluxos do capital financeirizado, abolindo qualquer barreira à sua livre circulação. O segundo problema que se resolve é a ampliação da cena econômica para a disputa dos negócios locais, os quais se estendem a outros países – principalmente na América Latina e na África, cujos mercados foram conquistados em sua maioria pelos governos do PT. E tudo isso recebido de braços abertos por grande parte da sociedade brasileira, a essas alturas inteiramente identificada com a narrativa midiática. O último capítulo dessa narrativa consistirá certamente em apresentar o capital financeirizado no papel de salvador da pátria que, se tiver o pleno comando do País, lhe devolverá a dignidade pública e reestabelecerá sua economia da grave crise deliberadamente orquestrada nos capítulos anteriores.

Na América Latina, tais procedimentos são usados para desmantelar os governos progressistas que tinham se instalado nas últimas décadas em alguns dos países do continente, após a dissolução das respectivas ditaduras militares, a qual se deu ao longo dos anos 1980. É no momento da ascensão da esquerda ao poder que começa a ser concebido o seriado da nova modalidade de golpe. O primeiro laboratório da consumação da nova estratégia de poder foi a destituição de Fernando Lugo da presidência do Paraguai em 2012.[13] Já comprovada a eficácia do novo conceito de golpe, a produção do seriado no Brasil, que havia começado a ser concebido em 2002 com a eleição de Lula, intensifica-se e torna-se mais

---

13 A estratégia midiática-judiciária-parlamentar que preparou o "golpe" no Paraguai teve início em 2008 e se consumou em 2012.

veloz dia após dia, culminando com o *impeachment* da presidenta Dilma Rousseff em 2016. Nas mencionadas grandes manifestações de massa a favor de sua destituição, o mantra "A culpa é da Dilma", que pouco a pouco tomou conta freneticamente das ruas e praças por todo o País, surgiu precisamente do consumo da ficção que a mídia havia construído, tendo a presidenta, o Partido dos Trabalhadores e seus quadros – principalmente seu líder, Lula da Silva – no papel principal de bodes expiatórios.[14] Isso tem acontecido em outros países latino-americanos quando ainda resta a seus governantes progressistas algum tempo de mandato.

Já em outras situações, quando seus mandatos estão próximos do término, a estratégia midiático-jurídica-parlamentar se inscreve na preparação das eleições, eliminando da disputa o(s) candidato(s) mais progressista(s), de modo que esta se dê entre candidatos neoliberais e ultraconservadores – sendo estes últimos, como vimos, um indesejado efeito colateral de seu empoderamento pelo próprio capitalismo financeirizado que neles se apoia na preparação da tomada de poder. É o caso do Peru,[15] em que o candidato progressista perdeu de longe

14 A narrativa ficcional logra enfeitiçar as massas porque ecoa em sua subjetividade não só por estar fragilizada pela ameaça da crise propagada por tal ficção. A base para o sucesso do feitiço é também o fato de sua pulsão vital estar sob cafetinagem e de sua estrutura ser fortemente marcada pela tradição colonial-escravagista, da qual faz parte um sólido preconceito de classe, inclusive entre os que se encontram na base da pirâmide social.

15 Durante a campanha eleitoral para substituir Ollanta Humala ao final de seu mandato na presidência do Peru em meados de 2016, sua figura foi destruída pela tríplice aliança dos poderes midiático, judiciário e parlamentar, que logrou baixar drasticamente sua aprovação de 57,3% no início de seu mandato para 16% no ano das eleições. A disputa ficou então entre representantes dos dois poderes que hoje dominam a cena mundial: o banqueiro de investimentos e economista neoliberal de centro-direita, Pedro Pablo Kuczynski, e a candidata de extrema-direita, Keiko Fujimori – filha

para o neoliberal, o qual venceu com uma margem pequena de diferença em relação à candidata ultraconservadora.

O abuso produz traumas e deles se alimenta

A subjetividade flexível produzida por esse regime é, portanto e por princípio, mantida constantemente em estado de fragilidade beirando o trauma e chegando, muitas vezes, a ultrapassar esse limiar, soçobrando no naufrágio. Isto se faz por meio dos três procedimentos acima referidos: sua redução ao sujeito, o constante colapso de suas formas de existência e de seus respectivos sentidos, colapso encoberto pelo suprimento imediato de narrativas fictícias que lhe são inculcadas diariamente pela mídia. Há ainda, no entanto, um quarto procedimento do capitalismo financeirizado que contribui para essa fragilização da subjetividade, sobretudo nas camadas mais desfavorecidas: a precarização da força de trabalho legalizada pela anulação das leis trabalhistas por parte dos Estados neoliberais, anulação que se legitima no argumento de que assim cada trabalhador terá autonomia para

---

do ex-presidente Alberto Fujimori, um ditador particularmente sinistro que governou o país entre 1990 e 2000, e que hoje está cumprindo sua condenação a 25 anos de prisão por seus crimes de corrupção, sequestro e assassinato. Uma campanha de igual ferocidade à que foi levada contra Humala foi dirigida à representante da ascensão das forças conservadoras, dando vitória a seu rival, mas num quase empate. Hoje, Kuczynski já não é presidente do Peru. A estratégia da nova modalidade de golpe o engoliu, tendo sido deposto no início deste ano (2018) e substituído pelo vice-presidente Martín Vizcarra Cornejo, que conta com apoio do Congresso, inclusive da Força Popular, partido de Keiko Fujimori. O principal foco de acusação que levou a seu *impeachment* foram suas ligações com a Odebrecht que, não por acaso, no mesmo momento desempenhava o papel de bode expiatório da hora na segunda temporada do seriado do golpe no Brasil.

negociar. Tal ilusão sustenta-se na destruição do imaginário progressista acima referida e, ao mesmo tempo, a sustenta e a reforça. Ora, tal precarização somada a uma suposta autonomia deixa as subjetividades mais traumatizadas e impossibilitadas de agir. É quando elas tornam-se mais vulneráveis ao abuso, prontas para entregar sua força pulsional à cafetinagem, na ilusão de que esta lhes trará de volta um contorno e um lugar. E, mais amplamente, é assim também que a potência coletiva de criação e cooperação é canalizada para sustentar e alimentar o *status quo* – seja por meio da apropriação da força de trabalho, do consumo desenfreado, do apoio massivo a golpes de estado ou eleitorais, ou de outras estratégias micropolíticas do regime aqui não evocadas. Em suma, é assim que a potência do desejo é desviada de seu destino ético, ativo e criador, para ser apropriada pelo capital e converter-se em potência reativa de submissão.

É nisto que reside a perversão do regime colonial-capitalístico em sua nova versão e, também, seu real perigo. O regime se nutre da ameaça imaginária gerada na subjetividade por sua separação da condição de vivente e, ao mesmo tempo, nutre o fantasma dessa ameaça, mantendo a subjetividade cativa nessa redução. A situação que estamos vivendo é uma incubadora desse perigo real e não há garantia alguma de que ele possa ser evitado. O uso da micropolítica pelo capitalismo financeirizado transnacional para obter poder macropolítico, somado ao uso de políticos disponíveis para o trabalho sujo e ao incremento do conservadorismo, tem grandes chances de produzir uma crise de proporções incontroláveis. É precisamente o que já está acontecendo e que torna a atmosfera irrespirável. A eleição de Trump para a presidência dos Estados Unidos e de candidatos de extrema-direita na Europa, assim como o Brexit e o vislumbre de desmantelamento da União Europeia, são apenas seus sintomas mais gritantes. Também no plano local não faltam exemplos, mas eles são tantos que elencá-los tomaria um espaço infinito e nos afastariam de nosso foco – além de que citá-los aqui seria desnecessário e redundante, já que estão amplamente presentes nos noticiários cotidianos e uma vasta bibliografia os descreve e analisa.

O que importa aqui é reconhecer que nessa balança instável entre neoliberalismo e conservadorismo extremo, temporariamente associados, o peso pode pender para o segundo e com pleno apoio das massas, que, como torcidas organizadas, regridem ao princípio identitário em sua máxima rigidez, tanto no plano individual e de grupos – como classe, etnia, gênero, raça etc. – quanto no plano nacional. Essa ameaça paira hoje sobre o planeta, o que para o capital transnacional implicaria, em princípio, na ameaça de fechamento das portas a seu livre fluxo. Em síntese, o tiro do capitalismo financeirizado parece estar saindo pela culatra. Isto não nos traz vantagem alguma, pois tanto o regime colonial-cafetinístico em sua nova versão quanto a volta de um conservadorismo nacionalista, arcaico e fatal – efeito inevitável do próprio regime e que o coloca em crise por sua própria lógica – são igualmente nefastos, embora de diferentes maneiras. Não se trata aqui de escolher qual deles é menos pior, pois estando ambos intrinsecamente ligados, o mais grave é precisamente essa sua explosiva combinação.

É exatamente a essa situação que se refere o termo "sinistro", evocado no início deste ensaio para qualificar a atmosfera que nos envolve na atualidade. A mescla de vários tempos da história do capitalismo, todos eles em sua face mais perversa, complexifica ainda mais as dinâmicas do poder e, consequentemente, também sua decifração e a invenção de estratégias para combatê-las. Se isto é alarmante, há que se reconhecer que, exatamente por essa razão, nos leva a expandir e complexificar a própria noção de resistência e, mais amplamente, de política. Isto gera um certo alento, na contracorrente da tendência a sucumbir ao medo e às habituais reações que provoca: seja a paralisia melancólica, seja uma pressa de agir para dele livrar-se, agarrando-se a velhas concepções de resistência que não fazem mais sentido – o que talvez seja o caso do próprio conceito de resistência, marcado por uma lógica da negação, da oposição, da não aceitação, que não inclui a positividade de uma ação transformadora.

Face a esse novo cenário, fica evidente que não basta tomar para si a responsabilidade como cidadão e lutar por uma distribuição mais justa dos bens materiais e imateriais, bem como dos direitos civis e, para além deles, do próprio direito de existir. Isto é o mínimo que se deva almejar, e quando não se assume sequer essa responsabilidade é porque a dissociação chegou a um grau de patologia alarmante. Mas, para além dessa tarefa, é preciso também tomar para si a responsabilidade como ser vivo e lutar pela reapropriação das potências de criação e cooperação e pela construção do comum que dela depende. Em outras palavras, não basta um combate pelo poder macropolítico e contra aqueles que o detêm, há que se levar igualmente um combate pela potência afirmativa de uma micropolítica ativa, a ser investida em cada uma de nossas ações cotidianas – inclusive naquelas que implicam nossa relação com o Estado, quer estejamos dentro ou fora dele. Não será exatamente esse o combate que está sendo levado pelo novo tipo de ativismo que vem proliferando pelo planeta?

Torna-se, pois, indispensável pensar e agir na direção de uma micropolítica ativa de modo a enfrentar essa situação igualmente no plano da subjetividade, do desejo e do pensamento – plano no qual se sustenta existencialmente o capitalismo financeirizado transnacional em suas facetas tanto neoliberal quanto conservadora, seu adversário monstruoso que ele próprio gerou. Conquistar essa possibilidade depende da quebra do feitiço do poder tsunâmico da micropolítica reativa do capitalismo globalitário, que se alastra por todas as esferas da vida humana, destruindo seus modos de vida e, sobretudo, sua potência essencial de criação e transmutação. Isto implica na desidentificação com os modos de vida que o regime constrói no lugar daqueles que devastou, a afim de que possamos desertá-los – não para voltar às formas do passado, mas para inventar outras, em função dos gérmens de futuros incubados no presente. Só assim é que a ideia de reapropriar-se da força coletiva de criação e cooperação, meio indeclinável para combater o atual estado de coisas, tem chances de sair do papel e dos sonhos utópicos para tornar-se realidade.

Quando pensar e resistir tornam-se uma só e mesma coisa

Eu dizia no início deste texto que não é por decreto da vontade ou pela boa intenção da consciência que se logra agir na direção dessa reapropriação. Agora talvez fique mais claro por que eu sugeria que esse é um trabalho que deve ser feito por cada um, em sua própria subjetividade e na trama relacional da qual ela é indissociável, de modo a deslocar-se da submissão ao poder do inconsciente colonial-capitalístico. Talvez fique igualmente mais claro por que eu afirmava que, intrínseca a essa tarefa, está a necessidade de deslocar-se no âmbito do pensamento – não em seu conteúdo, mas no próprio princípio que rege sua produção, do qual resultam justamente seus conteúdos e seus modos de avaliação do presente. Considerando que a cada modo de produção da subjetividade e do desejo corresponde um modo de produção do pensamento, vale a pena retomarmos aqui aqueles dois polos fictícios da ampla gama de micropolíticas, da mais ativa à mais reativa, para examinarmos brevemente em que se diferenciariam os princípios que regem a produção do pensamento em cada uma delas e seus efeitos nos destinos da vida social.

Da perspectiva ética do exercício do pensamento, a qual rege as ações do desejo no polo ativo, pensar consiste em "escutar" os afetos, efeitos que as forças da atmosfera ambiente produzem no corpo, as turbulências que nele provocam e a pulsação de mundos larvares que, gerados nessa fecundação, anunciam-se ao saber-do-vivo; "implicar-se" no movimento de desterritorialização que tais gérmens de mundo disparam; e, guiados por essa escuta e essa implicação, "criar" uma expressão para aquilo que pede passagem, de modo que ganhe um corpo concreto. Os efeitos do pensamento exercido dessa perspectiva tendem a ser: o "contágio potencializador" das subjetividades que o encontram, ou mais precisamente, sua "polinização";[16] a "transfiguração" da superfície topológico-relacional de um mundo em sua forma vigente pela irrupção desse corpo estranho em seu contorno familiar; a "transvaloração" dos valores que nele predominam.

16 O termo "polinização" me foi sugerido por Rolf Abderhalden, artista, fundador do Mapa Teatro junto a Heidi Abderhalden e do Mestrado interdisciplinar em Teatro e Artes Vivas na Universidade Nacional da Colômbia. Ele aponta que o termo "contágio" tem sua origem na Medicina e é deste campo que foi extraído pela Sociologia. Tendo em vista que o termo contágio diz respeito à "contaminação" de doenças, reservarei ambos para qualificar os fenômenos de proliferação de políticas de desejo reativas, mantendo a noção de "polinização" apenas para os fenômenos de proliferação de políticas de desejo ativas.

Já da perspectiva de seu polo reativo, pensar consiste em "ensurdecer-se" aos afetos, às turbulências que ocasionam e às demandas da vida que estas necessariamente mobilizam; "refletir", como um espelho, uma suposta verdade que estaria oculta na escuridão da ignorância e que "explicaria" a desterritorialização – delírio de um sentido que a mascara e supõe seu controle; "revelar" essa suposta verdade, "iluminando-a" com o farol da razão – nesse caso, restrita a fórmulas retóricas vazias por emanarem da dissociação da experiência real. Em suma, pensar aqui significa racionalizar o desconforto, denegando o que estranha ao transformá-lo em familiar. O efeito do pensamento exercido dessa perspectiva tende a ser o "contágio despotencializador" das subjetividades que o encontram, o que contribui para a "interrupção do processo de polinização", promovendo um "aborto da germinação de futuros". O que resulta disso é a "reprodução" da cartografia vigente e seus valores.

Qualifico de "antropo-falo-ego-logocêntrica" essa política reativa de produção do pensamento, regida pelo inconsciente colonial-capitalístico. Diante de seu poder, que se alastra cada vez mais, não basta problematizar os conceitos que tal política produziu e continua produzindo; há que problematizar o próprio princípio que a rege. Tal desafio implica em reativarmos o saber-do-vivo no exercício do pensamento, de modo a liberá-lo de seu encarceramento nesse seco logocentrismo e seus falsos problemas – consequência de seu divórcio dos fluxos vitais e dos verdadeiros problemas que seus movimentos lhe colocam. É preciso estar à espreita daquilo que o saber-do-vivo nos indica, do que depende a força e a astúcia necessárias para resistir ao poder da equipe de fantasmas nascidos da submissão ao inconsciente colonial-capitalístico, que ainda hoje comanda as subjetividades e orienta as jogadas do desejo. Daí o sentido de afirmar que, dessa perspectiva, pensar e insurgir-se passam a ser uma só e mesma coisa.

Mas o que, afinal, teria a arte a ver com tudo isso?

Se as práticas artísticas teriam sem dúvida muito a nos ensinar para enfrentarmos a exigência de resistir no âmbito da produção do pensamento e suas ações – substituindo a perspectiva antropo-falo-ego-logocêntrica por uma perspectiva ético-estético-clínico-política –, é também inegável que sob o atual regime essa potência própria da arte se enfraqueceu. Nas sociedades ocidentais e ocidentalizadas, onde tem origem a instituição da arte há pouco mais de dois séculos, esta constituía até recentemente o único campo de atividade humana onde a potência de criação estava autorizada a exercer-se, tornando sensíveis os mundos virtuais que habitavam os corpos fecundados pelo ar do tempo. E ainda que a atualização desses mundos estivesse, no caso, restrita a obras de arte – fossem elas pinturas, esculturas, instalações ou outras –, quando estas logravam encarnar a pulsação de tais mundos por vir, tinham o poder de potencial de polinização dos ambientes nos quais circulavam.

No entanto – e não por acaso –, sob a nova versão do regime colonial-cafetinístico, a arte tornou-se um campo especialmente cobiçado como fonte privilegiada de apropriação da força criadora pelo capitalismo com o fim de instrumentalizá-la. Abre-se assim uma nova fronteira para a acumulação de capital, por meio do uso que se faz da arte para lavagem de dinheiro, já que permite uma das mais rápidas e extraordinárias multiplicações do capital investido com base em pura especulação. Mas a coisa não para por aí: tal instrumentalização também tem objetivos micropolíticos. O primeiro é neutralizar a força transfiguradora das práticas artísticas, reduzindo-as ao mero exercício da criatividade, dissociada de sua função ética de dar corpo ao que a vida anuncia. O segundo objetivo micropolítico consiste em valer-se da arte como passaporte para ser admitido nos salões internacionais das elites do capitalismo financeirizado. É que o figurino com que se vestem tais elites inclui ser colecionador, ter na ponta da língua dois ou três nomes de artistas e curadores entre as estrelas midiáticas da hora – que, não por acaso, são sempre os que se encontram na crista da onda do mercado da arte – e, por fim, fazer turismo nos espaços institucionais a ela consagrados, sobretudo em seu circuito mundial. Consumir arte contemporânea, ou pelo menos exibir-se em seus salões, distingue essas elites daquelas tradicionais do capitalismo anterior à sua financeirização, evitando assim o risco de serem consideradas bregas, o que facilita seus negócios. Isto é especialmente patético no caso das elites sul-americanas que, ao vestir esse figurino, revelam seus ridículos falsos-*selfs* de colonizados para encobrir sua baixa autoestima. Como essas novas elites internacionais dominam o mercado da arte por seu poder de compra de obras e de participação em conselhos de museus – o que lhes permite indicar artistas que terão suas obras expostas, aumentando assim seu valor no mercado e, com isso, multiplicando exponencialmente o capital investido nas mesmas –, os artistas tendem a adequar-se às suas demandas para terem seu lugar garantido em seus salões. É assim que, também nesse campo, a potência de criação vai sendo desviada de seu destino ético e levada para a direção de produzir mercadorias e ativos financeiros.

Por serem tais fenômenos hoje plenamente reconhecidos, descrevê-los aqui exaustivamente seria perda de tempo. Vale a pena, no entanto, assinalar que exatamente pelo fato de que tem se tornado cada vez mais difícil praticar o pensamento de uma perspectiva ético-estético-clínico-política também nas ações no campo da arte, muitos artistas têm se dedicado a práticas que fazem da problematização desse estado de coisas a matéria prima de sua obra. Como exposto no início, tais práticas tendem a transbordar as fronteiras do campo da arte para habitar uma transterritorialidade onde se encontram e desencontram com práticas ativistas de toda espécie – feministas, ecológicas, antirracistas, indígenas, assim como os movimentos dos LGBTQI, os que lutam pelo direito à moradia e contra a gentrificação, entre outros. Nesses encontros e desencontros entre práticas distintas, produzem-se devires singulares de cada uma delas na direção da construção de um comum.

E aqui nos coloco uma pergunta, caro leitor: não residiria precisamente no acontecimento desses devires a potência política da arte? Isto é muito distinto de uma certa ideia de "arte política" ou "arte engajada" que converte suas práticas em panfletos, veículos macropolíticos de conscientização, denúncia e transmissão ideológica. Trata-se aqui, diferentemente, de uma potência micropolítica que vem se afirmando nos campos da arte em ciclos sucessivos desde os anos 1960, sendo também e cada vez mais assumida por práticas sociais e ativistas fora desse campo.

No campo específico da arte, tal movimento abrange não só as práticas artísticas, mas todas as demais atividades que ele envolve: curadoria, gestão de museus, crítica, história etc. O que têm em comum as práticas curatoriais cujo pensamento insere-se nessa perspectiva é a vontade de promover o mencionado deslocamento do paradigma cultural dominante.

Quando se logra trazer para a experiência de uma proposta curatorial – seja ela realizada em museus ou fora deles – a pulsação dos gérmens de mundo que batem à porta das formas cristalizadas, estes são potencialmente portadores de efeitos de polinização. E mesmo que tal pulsação se refira a movimentos artísticos do passado, a possibilidade de haver tais efeitos extrapola seu tempo e, inclusive, o espaço restrito da arte. É que se as referidas formas ficaram no passado, a pulsão que levou à germinação dos mundos em potencial que as habitam pode ser reativada a qualquer momento. Isso faz com que os gérmens de futuro, que ficaram soterrados pela interrupção desse processo, possam ser ativados no presente, engendrando outros cenários, diferentes daqueles do passado. E, se nada garante que os efeitos de que são portadores aconteçam de fato, é porque no âmbito das resistências micropolíticas nada pode ser previsto e muito menos garantido. Seja qual for o âmbito de atividade humana em que se dê a insurreição nessa esfera, sempre se confrontarão diferentes graus de forças ativas e reativas na definição das formas do presente.

A crença no paraíso é uma droga

Nesse sentido, há que se desfazer da crença no delírio de um controle permanente e definitivo das engrenagens sociais que levaria a uma suposta plena realização do potencial humano. Tal crença é herdeira das noções de "salvação" das religiões monoteístas ocidentais e de sua ideia de "paraíso"; a única diferença é a promessa de que o paraíso pode e deve ser encontrado nessa vida e não apenas após a morte. Tal ideia é fruto de uma política de subjetivação antropo-falo-ego-logocêntrica, reduzida ao sujeito e orientada pelo inconsciente colonial-capitalístico. Há nela uma denegação do embate entre o plano das forças e sua complexa e paradoxal relação com o plano das formas, no qual sempre germinam novos modos de existência, num processo de criação sem fim.

Na esfera do combate micropolítico, a imagem do paraíso é a de um mundo onde a vida encontraria enfim sua suposta paz eterna – um delírio fabulado por forças reativas. Na esfera do combate macro, a imagem do paraíso tem duas versões: a do paraíso da igualdade de uma sociedade socialista ou o da "livre" competição do mercado liberal. Ambas as imagens, concebidas após a primeira revolução industrial, denegam a esfera micropolítica. No caso da imagem própria das esquerdas – sobretudo as tradicionais e mais ainda as institucionais –, tal denegação é em parte responsável por sua mencionada impotência diante dos impasses atuais do regime colonial-capitalístico e suas perversas operações na esfera micropolítica.

Abandonar a ideia de paraíso, assim como a de apocalipse, a outra face da mesma moeda, é um dos desafios do combate micropolítico ao regime colonial-capitalístico, a favor de uma vida não cafetinada. Por definição, tal protesto dos inconscientes é um combate que jamais chega a esse suposto gozo de um *gran finale*, expectativa própria de uma subjetividade reduzida ao sujeito, sua ignorância do saber-do-vivo e seus consequentes delírios. Estar à altura das demandas vitais leva a um outro tipo de gozo, já deslocado das demandas egoicas: um gozo vital.

Cabe aqui nos colocar uma última pergunta, caro leitor: não será precisamente no enfrentamento desse desafio que mora o sentido e o sabor de uma vida que insiste em perseverar?

INSURGÊNCIAS MACRO E MICROPOLÍTICA
Dessemelhanças e entrelaçamentos

O esgotamento dos recursos naturais provavelmente está muito menos avançado do que o esgotamento dos recursos subjetivos, dos recursos vitais que atinge nossos contemporâneos. Se nos satisfazemos tanto em detalhar a devastação do ambiente, é também para cobrir a assustadora ruína das subjetividades. Cada maré negra, cada planície estéril, cada extinção de espécies é uma imagem das almas em farrapos, um reflexo de nossa ausência de mundo, de nossa impotência íntima para habitá-lo.

Comitê Invisível[1]

É a relação da subjetividade com sua exterioridade – seja ela social, animal, vegetal, cósmica – que se encontra comprometida numa espécie de movimento geral de implosão e infantilização regressiva. A alteridade tende a perder toda a aspereza.

Félix Guattari[2]

O planeta encontra-se hoje sob o impacto de forças vorazmente destrutivas – e nós com ele. Um mal-estar alastra-se por toda parte: são várias as sensações que nos lançam nesse estado. Uma perplexidade diante da tomada de poder mundial pelo regime capitalista em sua nova dobra – financeirizada e neoliberal –, que leva seu projeto colonial às últimas consequências, sua realização globalitária. Junto com a perplexidade diante desse fenômeno, somos tomados por um pavor diante de um outro, simultâneo, que contribui para o

---

1 Comitê Invisível, *Aos Nossos Amigos: crise e insurreição*, trad. Edições Antipáticas, São Paulo: n-1 edições, 2016, pp. 37-38.

2 Félix Guattari, *As três Ecologias*, trad. Maria Cristina F. Bittencourt, Campinas: Papirus, 2012 (21ªed), p. 8.

ar tóxico da paisagem ambiente: a ascensão de forças conservadoras, com tal nível de violência e barbárie que nos lembra, para ficarmos apenas nos exemplos mais recentes, os anos 1930 que antecederam a Segunda Guerra Mundial e, posteriormente, os anos de regimes ditatoriais que foram se dissolvendo ao longo dos anos 1980 (é o caso dos regimes militares da América do Sul e do governo totalitário da União Soviética, entre outros). É como se tais forças jamais tivessem desparecido de fato, mas apenas feito um recuo estratégico temporário à espreita de condições favoráveis para sua volta triunfal, retomando seu *looping* que parece nunca ter fim.

Neoliberalismo e (neo)conservadorismo

À primeira vista, a simultaneidade entre esses dois fenômenos nos parece paradoxal: são sintomas de forças reativas radicalmente distintos, assim como são distintos seus tempos históricos. O alto grau de complexidade, flexibilidade e sofisticação perversa, próprio do modo de existência neoliberal e suas estratégias de poder, está a anos luz do arcaísmo tacanho e da rigidez das forças abrutalhadas desse neoconservadorismo – cujo prefixo "neo" só faz sentido porque articula-se com condições sócio-político-econômicas distintas das anteriores. Porém, passado o choque inicial, vai se tornando evidente que o capitalismo financeirizado precisa dessas subjetividades rudes no poder, para fazer o trabalho sujo imprescindível para a instalação de um Estado neoliberal: destruir todas as conquistas democráticas e republicanas, dissolver seu imaginário e erradicar da cena seus protagonistas. Entre estes, são escolhidos prioritariamente os protagonistas à esquerda em todos os seus matizes, embora a ejeção inclua todos aqueles que estorvam o regime na realização desses objetivos. E se os neoconservadores aceitam a incumbência é porque nesses objetivos específicos seus interesses coincidem com os dos neoliberais, o que permite sua aliança temporária. A torpe subjetividade dos neoconservadores é arraigadamente classista e racista, o que os leva a cumprir seu papel nessa cena sem qualquer barreira ética e numa velocidade vertiginosa. Quando nem bem nos damos conta de uma de suas tacadas, uma outra já está em vias de acontecer, geralmente decidida pelo Congresso na calada da noite. O exercício dessa tarefa lhes proporciona um gozo narcísico perverso, a tal ponto inescrupuloso que chega a ser obsceno. Com seu trabalho sujo gozosamente realizado, prepara-se o terreno para ampliar ao máximo o livre fluxo de capital transnacional, já instalado no País há várias décadas.

O mal-estar ultrapassa um limiar de tolerabilidade: o trauma

Mas o mal-estar não para por aí: soma-se à perplexidade e ao pavor uma profunda frustração com a atual dissolução em cascata de vários governos de tendência mais à esquerda pelo mundo, especialmente na América Latina – fruto da ascensão das forças reativas do conservadorismo e do neoliberalismo, temporariamente unidas. Tal frustração mobiliza a memória traumática da decepção com o destino funesto das revoluções do século XX, que se agrava com a constatação da impotência das esquerdas face a esse novo cenário.

Com a soma dessas sensações – perplexidade, pavor, frustração e decepção – o mal-estar ultrapassa um limiar de tolerabilidade. Um estado de alerta instala-se na subjetividade, como quando a escassez de recursos essenciais para a vida passa de um limite que a coloca em risco. Somos então tomados por uma urgência que convoca o desejo a agir. As respostas do desejo a essas situações traumáticas oscilam entre dois extremos: um polo reativo, patológico, no qual nos despotencializamos, e outro ativo, no qual nossa potência vital não só se preserva, mas tende inclusive a intensificar-se. Nessa segunda resposta ao trauma, amplia-se o alcance de nossa mirada, o que nos permite ser mais capazes de acessar os efeitos da violência em nossos corpos, de sermos mais precisos em sua decifração e expressão e, com isso, mais aptos a inventar maneiras de combatê-los. É nessa experiência que despontam insurgências na cena social, performatizando novas estratégias em função dos problemas singulares que as deflagraram.

Assim são as insurgências que vêm irrompendo por toda parte e que têm introduzido estratégias nas quais o par direita/esquerda deixa de ser um operador suficiente para delinear as forças em jogo e acertar os alvos do combate. São movimentos de insubordinação que têm surgido sobretudo nas gerações mais jovens (em especial nas periferias dos centros urbanos, particularmente entre negros, mulheres e LGBTQI), assim como nos povos indígenas e nas comunidades quilombolas.[3] Ora, não será exatamente a presença dessa mudança

---

3 Embora tais movimentos tenham começado no Brasil bem antes, há neste período um nítido avanço não só quantitativo, mas também qualitativo: eles passam a atuar igualmente na esfera micropolítica; fenômeno que ocorre também na cena internacional. Mas o fato de suas agendas não mais se limitarem à resistência macropolítica marcada pela reivindicação identitária não quer dizer que sua luta não continue nessa esfera, na qual, aliás, ela tem conseguido alguns logros significativos como a promulgação de leis que protegem seus direitos e a ampliação da presença na política de mulheres e membros das comunidades LGBTQI, negra e indígena. Um exemplo é a candidatura de Sonia Guajajara à vice-presidência do Brasil para as eleições,

de estratégia o que nos surpreende nesses novos movimentos insurrecionais? Não será precisamente isso o que neles nos fascina, apesar da dificuldade de decifrá-lo e nomeá-lo? E não será justamente a existência desses movimentos o que tem nos livrado de sucumbir à paralisia melancólica e fatalista em que nos lança a sombria paisagem que hoje nos rodeia? Nesses territórios em vias de formação, que vêm sendo cada vez mais povoados, há uma complexificação do alvo de combate, o qual passa a incluir um deslocamento das políticas de subjetivação dominantes. O horizonte que se alcança com essa nova modalidade de combate expande a abrangência de nossa visão, nos permitindo vislumbrar mais nitidamente a esfera micropolítica. Mas como se opera, nessa esfera, a violência do regime colonial-capitalístico?[4]

de 2018. Vale frisar que tais conquistas na esfera macropolítica ainda estão muito longe de uma ampla consolidação de seus direitos.

4 "Capitalístico" é uma noção proposta por Félix Guattari. O psicanalista francês parte da ideia de Karl Marx de que o capital sobrecodifica os valores de troca, submetendo assim o conjunto do processo produtivo a seus desígnios. Guattari estende essa ideia aos modos de subjetivação que, sob o regime capitalista, são igualmente sobrecodificados. Isto tem por efeito calar a singularidade dos idiomas próprios a cada vida. Mais grave ainda é seu efeito de interrupção dos devires – processos de singularização que se desencadeariam nos encontros entre os corpos e seus idiomas próprios –, assim como de bloqueio da transmutação da realidade e da transvaloração dos valores que tais processos tenderiam a produzir. Como na economia, com essa operação, as subjetividades tendem a submeter-se aos propósitos do regime os investindo com seu próprio desejo, reproduzindo o *status quo* em suas escolhas e ações. O sufixo "ístico" acrescentado pelo autor a "capitalista" refere-se a essa sobrecodificação, uma das operações micropolíticas medulares desse regime, a qual incide sobre todos os domínios da existência humana. Esta constitui uma das ideias mais inovadoras e fecundas do pensamento de Guattari, tendo sido retomada em sua posterior parceria com Gilles Deleuze desde *O Anti-Édipo*, seu primeiro livro em coautoria, como um dos principais eixos de sua obra conjunta.

O abuso da força vital

O que caracteriza micropoliticamente o regime colonial-capitalístico é a cafetinagem da vida enquanto força de criação, transmutação e variação – sua essência e também condição para sua persistência, na qual reside seu fim maior, ou seja, seu destino ético. Esse estupro profanador da vida é a medula do regime na esfera micropolítica, a ponto de podermos designá-lo por "colonial-cafetinístico". É a força vital de todos os elementos de que se compõe a biosfera que é por ele expropriada e corrompida: plantas, animais, humanos etc. São também cafetinados os outros três planos que formam o ecossistema planetário, dos quais depende a composição e manutenção da vida: a crosta terrestre, o ar, as águas.

A força vital de cada espécie viva tem características específicas. Freud atribuiu-lhe o nome de "pulsão" nos humanos para qualificar sua particularidade em nossa espécie e distingui-la do "instinto"; este é um dos conceitos centrais da teoria psicanalítica. O que para ele seria próprio do humano é a linguagem, assim como sua capacidade de criação, o que amplia o poder de variação das formas de vida. No entanto, ao reservar genericamente o termo "instinto" à força vital nos animais e considerar que a linguagem e o exercício da potência de criação que ela viabiliza se restringiria ao humano, revela-se no pensamento freudiano a permanência de um viés antropocêntrico e naturalizador.[5]

---

5 Se a distinção que Freud estabelece entre o instinto nos animais e na espécie humana é, sem dúvida, um avanço, ainda assim o autor se mantém na tradição antropocêntrica ao pensar o instinto como um mero automatismo, esquema estereotipado de ações pré-moldadas. Ou seja, Freud ainda naturaliza o instinto, reservando a linguagem e a capacidade de criação exclusivamente à espécie humana. No entanto, já na época de seus escritos, estudos da Etologia

Levando isto em consideração, se quisermos tornar mais preciso o foco dessa especificidade, antes de mais nada temos que reconhecer que todas as formas de vida são portadoras de capacidade expressiva e criadora, não podendo portanto ser homogeneizadas sob o conceito genérico de "instinto". Dito isto, o que distinguiria a força vital na espécie humana é que a linguagem de que ela dispõe para expressar-se é mais elaborada e complexa, o que amplia seu poder de variação das formas de vida, mas também, dependendo do contexto, pode restringir essa variação.

A esse respeito, em seus estudos sobre a pulsão, o psicanalista aponta que a ampliação de tal capacidade de variação em suas concretizações pode levar igualmente ao que ele chamou de "pulsão de morte". [6] Não caberia aqui adentrar os meandros da complexidade desse conceito e de suas infinitas interpretações; há uma vasta bibliografia que encarrega-se disto. O que interessa aqui é apenas problematizar o uso do termo "morte" para qualificar esse destino da pulsão. Se, diferentemente de Freud, partirmos da ideia de que a pulsão é sempre "de vida" (ou "vontade de potência", como a designa Nietzsche), diríamos que seu destino varia do mais ativo ao mais reativo (ou do mais "nobre" ao mais "escravo", ainda segundo à designações propostas por Nietzsche). Nesse caso, o que o psicanalista

mostravam que todas as espécies, desde as mais rudimentares, são portadoras de atividade expressiva, a qual excede as funções instrumental e adaptativa e, inclusive, as potencializa. Desde então, vários estudos nos mostram que, se há uma especificidade da espécie humana nesse campo, ela consiste apenas no fato de a capacidade expressiva ser mais complexa. Ver Brian Massumi, *O Que os Animais nos ensinam sobre a Política*, São Paulo: n-1 edições, 2017.

6 O conceito de "pulsão de morte", introduzido por Freud, vem sendo objeto de um vasto debate que atravessa toda a história da Psicanálise; vale lembrar que várias abordagens do conceito de pulsão já estavam presentes na própria obra freudiana.

chamou de "pulsão de morte" corresponderia ao grau máximo de reatividade de pulsão de vida, seu grau de potência mais baixo – vale enfatizar, no entanto, que mesmo esse seu destino ainda é vida, vontade de potência. E se essa perspectiva de leitura faz diferença é porque as formas de sociedade resultam de um embate entre forças de vida ativas e reativas em diferentes graus, do qual depende a política dominante de subjetivação em cada contexto histórico, podendo prevalecer o destino reativo da pulsão, o que tem graves sequelas para a perseveração da vida.[7] No regime colonial-capitalístico, cuja

7 Se Freud logrou decifrar a dinâmica metapsicológica, faltou-lhe vislumbrar (pelo menos explicitamente) que as políticas dessa dinâmica são indissociáveis de um contexto histórico e, mais do que isso, são elas que lhe dão sua consistência existencial, que corresponde a determinados modos de vida e seus sintomas. Tal visão vem sendo desenvolvida desde então ao longo da história da Psicanálise e da Filosofia, de diferentes perspectivas, sendo a que orienta a obra de Félix Guattari e Gilles Deleuze uma das mais rigorosamente radicais. Estes autores contribuem para que vislumbremos que não há mudança possível de uma forma de realidade e seus respectivos sintomas sem que se operem mudanças do modo de subjetivação dominante. Se lemos a obra de Freud retrospectivamente a partir dessa perspectiva, podemos considerar que, para além do fato inegável de que o fundador da psicanálise introduziu um desvio na Medicina e na Psicologia, então nascente como ciência, há em sua obra uma linha de fuga que, embora jamais nela se explicite, é seu ponto de virada mais radical – uma espécie de potência clandestina portadora de um desvio também na Filosofia e, mais amplamente, na cultura e na política de desejo dominantes na tradição moderna ocidental colonial--capitalística. Do ponto de vista dessa linha de fuga, o psicanalista favoreceu a reconexão com o saber próprio de nossa condição de viventes, cujo acesso e a prática existencial guiada por esse saber haviam sido interrompidos no modo de subjetivação que predomina nessa tradição. E mais, ele o fez não só no plano teórico, mas também pragmático, indissociáveis em sua obra, ao introduzir um ritual – a prática psicanalítica – em que tal reconexão se dá por meio de um longo processo que poderíamos qualificar de "iniciático". No entanto, a tendência que prevalece na história da psicanálise, como nos apontam Deleuze e Guattari, é, ao contrário, contribuir para a expropriação da produtividade do inconsciente ao submetê-la ao teatro dos fantasmas

política de subjetivação é a que nos interessa aqui decifrar, é precisamente essa a tendência dominante, a qual leva a uma interrupção dos processos de criação de novas formas de vida e faz de nossa espécie talvez a única que ouse interrompê-los a esse ponto, desviando a pulsão do que seria seu destino ético na vida humana. O efeito de tal desvio é a despotencialização da vida, o que chega hoje à destruição das próprias fontes de energia vital da biosfera – fontes que, nos humanos, incluem os recursos subjetivos para sua preservação.

Se a tradição marxista, originada no capitalismo industrial, nos trouxe a consciência de que a expropriação da força vital humana em sua manifestação como força de trabalho é a fonte de acumulação de capital, a nova versão do capitalismo nos leva a reconhecer que tal expropriação não se reduz a esse domínio. É que em sua nova dobra, a expropriação se refina e torna-se mais evidente que é do movimento pulsional em seu próprio nascedouro que o regime se alimenta. Ou seja, ele se nutre do próprio impulso de criação de formas de existência e de cooperação nas quais as demandas da vida concretizam-se, transfigurando os cenários do presente e transvalorando seus valores. Desviada pelo regime desse seu destino ético, a pulsão é por ele canalizada para que construa mundos segundo seus desígnios: a acumulação de capital econômico, político, cultural e narcísico. O estupro da força vital produz um trauma que leva a subjetividade a ensurdecer-se às demandas da pulsão.

---

edípicos, próprios da política de subjetivação dominante no regime colonial--capitalístico, que Freud equivocadamente estabeleceu como universal. Cabe a nós descolonizar a psicanálise, ativando sua potência clandestina e expandindo a linha de fuga presente em sua fundação não só no âmbito restrito das práticas psicoterapêuticas e mais restrito ainda dos consultórios, mas em todo o campo social. Isso implica em assumir a prática psicanalítica como um dispositivo essencial da insurreição micropolítica.

Isto deixa o desejo vulnerável à sua corrupção: é quando ele deixa de agir guiado pelo impulso de preservar a vida e tende, inclusive, a agir contra ela. Resultam dessa política de desejo cenários nos quais a vida se vê cada vez mais deteriorada: é isso o que faz com que a destruição da vida no planeta atinja hoje limiares que ameaçam sua própria continuidade.

É esta, precisamente, a violência do regime colonial-capitalístico na esfera micropolítica: uma crueldade própria de sua política de desejo perversa, sutil e refinada, invisível aos olhos de nossa consciência. É uma violência semelhante à do cafetão que, para instrumentalizar a força de trabalho de sua presa – no caso, a força erótica de sua sexualidade –, opera por meio da sedução. Sob feitiço, a trabalhadora do sexo tende a não perceber a crueldade do cafetão; ela tende, ao contrário, a idealizá-lo, o que a leva a entregar-se ao abuso por seu próprio desejo. E ela só se livrará dessa triste submissão se conseguir quebrar o feitiço da idealização do opressor. A quebra desse feitiço perverso depende de sua descoberta de que, por trás da máscara onipotente de poder sobre si mesmo e sobre o mundo com a qual o cafetão se traveste – máscara que ela interpreta como a garantia de sua proteção e segurança –, o que há de fato é uma miséria humana das mais sórdidas: o outro para ele é um mero objeto para seu gozo narcísico de acumulação de poder, prestígio e capital. Tal gozo lhe é proporcionado por seu poder de dominar o outro e instrumentalizá-lo a seu bel prazer. Em suma, o feitiço se rompe quando ela se dá conta de que o outro – inclusive e sobretudo ela mesma – não tem a mais mínima existência própria para o cafetão. Quando isto se desvela, dissolve-se suficientemente a dinâmica inconsciente que mantinha a profissional do sexo prisioneira de seu próprio personagem, coadjuvante do cafetão na cena perversa; sem seu personagem, tal cena não tem como sustentar-se.

Uma dinâmica perversa similar à do par prostituta-cafetão orienta o regime de inconsciente dos personagens da cena capitalista. Para marcar sua especificidade, proponho designá-lo por "inconsciente colonial-capitalístico"[8], ou se quisermos ser mais precisos, podemos também designá-lo por "inconsciente colonial-cafetinístico".

Estranho-familiar: o incontornável paradoxo da experiência subjetiva

O principal traço desse regime de inconsciente é a redução da subjetividade à sua experiência como sujeito. Mas em que consiste essa experiência?

Intrínseca à condição cultural própria do humano e moldada por seu imaginário, a função do sujeito é nos capacitar para decifrarmos as formas atuais da sociedade em que vivemos, os lugares e funções, sua distribuição e suas dinâmicas

8 Propus a noção de "inconsciente colonial-capitalístico" há uma década para designar o regime de inconsciente próprio ao sistema no poder no Ocidente há cinco séculos (hoje no poder no conjunto do planeta). Recentemente me dei conta de que tal noção tem seus antecedentes em dois autores, cuja obra constitui um dos principais campos onde encontro reverberação para o que busco elaborar. O primeiro é Frantz Fanon, que já falava em "inconsciente colonial" nos anos 1950 – confesso, não sem uma certa vergonha, só ter lido há pouco tempo a indispensável obra deste autor, embora ele fizesse parte de meu imaginário desde os anos 1970, como um dos personagens centrais da revolução psiquiátrica e psicanalítica que teve lugar naqueles anos. O segundo autor é Guattari, que falava em "inconsciente capitalístico" desde o início dos anos 1980. A noção aparece inclusive em *Micropolítica: Cartografias do desejo* (Petrópolis: Editora Vozes, 1996), livro que escrevemos em coautoria – o que obviamente eu sabia, já que me dediquei à escrita deste livro durante quase quatro anos, de 1982 a 1986, data de sua primeira publicação; mas aqui também tenho que confessar, nesse caso sem o menor pudor, que o havia esquecido.

relacionais, seus respectivos códigos e representações. Tal decifração se faz pela prática da cognição, viabilizada pela inteligência e pela razão, a partir do que nos indicam nossas capacidades de percepção e sentimento (emoção psicológica). Estas últimas são marcadas pelos repertórios de representações socioculturais que estruturam o sujeito e sua linguagem. Associamos aquilo que percebemos e sentimos a certas representações e as projetamos sobre ele, o que nos permite classificá-lo e reconhecê-lo, de modo a defini-lo e produzir sentido. Nessa esfera da experiência subjetiva – sensorial, sentimental e racional –, o outro é vivido como um corpo externo, separado do sujeito; e a relação com o outro se dá pela via da comunicação, baseada no compartilhamento de uma mesma linguagem, o que permite a recíproca recognição. É na experiência do sujeito que se constituem os hábitos, os quais imprimem uma organização no espaço (concreto) e no tempo (cronológico) em nossa cotidianidade e nos proporcionam uma sensação de familiaridade. Essa é a esfera macropolítica da vida humana; habitá-la é essencial para a existência em sociedade. O problema do regime de inconsciente colonial-capitalístico é a redução da subjetividade à sua experiência como sujeito, o que exclui sua experiência imanente à nossa condição de viventes, o fora-do-sujeito. As consequências de tal redução são altamente nefastas para a vida. Mas em que consiste essa outra esfera da experiência subjetiva?

Em nossa condição de viventes somos constituídos pelos efeitos das forças do fluxo vital e suas relações diversas e mutáveis que agitam as formas de um mundo. Tais forças atingem singularmente todos os corpos que o compõem – humanos e não humanos –, fazendo deles um só corpo, em variação contínua, quer se tenha ou não consciência disto. Podemos designar esses efeitos por "afetos". Trata-se de uma experiência extrapessoal (pois aqui não há contorno pessoal, já que somos os efeitos cambiantes das forças da biosfera – e dos demais planos de que é feito o ecossistema do planeta –, os quais compõem e recompõem nossos corpos), extrassensorial (pois se dá via afeto, distinto da percepção, própria do sensível) e extrassentimental (pois se dá via "emoção vital", distinta da emoção psicológica que chamamos de "sentimento"). O modo de decifração próprio do poder de avaliação dos afetos é extracognitivo, o que costumamos chamar de "intuição". No entanto, o uso desta palavra se presta a mal-entendidos por sua desqualificação em nossa cultura que, ao reduzir a subjetividade ao sujeito, despreza tudo aquilo que não é da ordem da cognição que lhe é própria e nos impõe a hegemonia de um logocentrismo. Por essa razão, proponho substituí-la por "saber-do-corpo" ou "saber-do-vivo", um "saber eco-etológico".

Diferentemente da comunicação, o meio de relação com o outro nessa esfera é a ressonância intensiva, na qual não há distinção entre sujeito cognoscente e objeto exterior, como é o caso na experiência do sujeito. Na experiência subjetiva fora-do-sujeito, o outro vive efetivamente em nosso corpo, por meio dos afetos: efeitos de sua presença em nós. Tais efeitos se dão no âmbito da condição de viventes que ambos compartilham, e que faz deles um só corpo. Ao se introduzirem em nosso corpo, as forças do mundo compõem-se com as forças que o animam e, nesse encontro, o fecundam. Geram-se assim embriões de outros mundos em estado virtual, os quais nos produzem uma sensação de estranhamento. Esta é a esfera micropolítica da existência humana; habitá-la é essencial para nos situarmos em relação à vida e fazermos escolhas que a protejam e a potencializem. Estar à altura da vida depende de um processo de criação que tem sua temporalidade própria, distinta do tempo cronológico da esfera macropolítica em que o ritmo é previamente estabelecido. Desse processo resultam devires de si e do mundo, diferentemente da dinâmica própria à esfera macropolítica, na qual as formas vigentes se repetem por princípio.

O mal-estar do paradoxo convoca o desejo a agir

O familiar e o estranho, sensações totalmente distintas que nos vêm respectivamente das experiências subjetivas do sujeito (o pessoal) e do fora-do-sujeito (o extrapessoal), funcionam simultânea e indissociavelmente, mas segundo temporalidades díspares, assim como são díspares suas lógicas e dinâmicas. Não há entre elas qualquer possibilidade de síntese conciliadora ou de tradução; sua relação é marcada por um paradoxo, por princípio, incontornável. É que os embriões de futuros disparam o movimento pulsional de sua germinação, o qual leva a vida a plasmar-se em outras formas de mundo. Estas não se desenham por oposição às formas vigentes, mas pela afirmação de devires cujos efeitos colocam em risco a continuidade das mesmas. Desestabilizada pela experiência paradoxal do estranho-familiar, a subjetividade se vê então tensionada entre dois movimentos. De um lado, o movimento acima descrito que a pressiona em direção à conservação da vida em sua potência de germinação, para corporificar-se em novos modos de existência. De outro, um movimento que a pressiona em direção à conservação dos modos vigentes, nos quais a vida se encontra temporariamente materializada e a subjetividade está habituada a reconhecer-se em sua experiência como sujeito.

O mal-estar provocado pela tensão entre estranho e familiar, bem como entre os dois movimentos desencadeados por essa experiência paradoxal, é o que coloca a subjetividade em estado de alerta, tal como nos acontece nos dias de hoje. Isso resulta do fato de que o mal-estar é um disparador de alarme que convoca o desejo a agir para recobrar um equilíbrio vital, emocional e existencial – equilíbrio abalado pelos sinais de um mundo nascente, simultâneos e indissociáveis dos sinais de dissolução dos mundos vigentes. Impõe-se ao desejo uma negociação constante entre esses dois movimentos. É precisamente nesse ponto que se definem as políticas do desejo – das mais ativas às mais reativas. O que diferencia as micropolíticas é o tipo de negociação entre os dois referidos movimentos que o desejo privilegiará em suas ações. Essa escolha não é neutra, pois dela resultam distintos destinos da pulsão que implicam distintas formações do inconsciente no campo social, portadoras de maior ou menor teor de afirmação da vida. Esta é a base micropolítica sobre a qual todo e qualquer regime sociopolítico-econômico-cultural adquire sua consistência existencial. Sendo assim, é do embate entre políticas do desejo que se constitui o campo de batalha na esfera micropolítica.

O inconsciente colonial-capitalístico

Nas subjetividades sob domínio do inconsciente colonial-capitalístico, reduzidas que são a sua experiência como sujeito, prevalece uma micropolítica reativa: tende a impor-se em maior ou menor escala o movimento de conservação das formas de existência em que a vida se encontra corporificada no presente. É que, dissociada de sua condição de vivente e desconhecendo o processo contínuo de mutação próprio à dinâmica vital (dinâmica pulsional, no humano), a subjetividade vive a pressão dos embriões de mundo como ameaça de desagregação de si mesma e de seu campo existencial, já que "este mundo", aquele em que o sujeito habita e no qual se estrutura, é por ela vivido como "o mundo", único e absoluto. Nessas condições, para recobrar um equilíbrio, o desejo agarra-se às formas estabelecidas, as quais busca conservar a qualquer custo. E quanto maior a desestabilização, mais veementemente a subjetividade acastela-se no instituído e o defende com unhas e dentes, podendo chegar a altos níveis de violência para garantir sua permanência – inclusive a eliminação concreta de qualquer outro que não seja seu espelho e cuja existência tenha por efeito abalar a fé na absoluta universalidade de seu mundo.

É essa separação da subjetividade em relação à sua condição de vivente que prepara o terreno para que o desejo se entregue (gozosamente) à cafetinagem da pulsão, de cujos movimentos ele é o executor. A entrega manifesta-se sob o modo da redução da potência pulsional de "criação" de novos modos de existência em resposta às demandas da vida, ao mero exercício de sua capacidade "criativa", a ser investida na composição de novos cenários para a acumulação de capital. No lugar da criação do novo, o que se produz (criativa e compulsivamente) são "novidades", as quais multiplicam as oportunidades para os investimentos de capital e excitam a vontade de consumo. Ou seja, a potência vital passa a ser usada para a reprodução do instituído; apenas mudam-se suas peças de lugar ou se fazem variações sobre as mesmas – com maior ou menor criatividade. Em situações de crise, o desvio da pulsão e a entrega do desejo a seu abuso se intensificam, manifestando-se em movimentos de massa que clamam pela manutenção do *status quo*, como é o caso da vertiginosa ascensão do conservadorismo na atualidade.

Em ambos os tipos de ação desejante reativa frente à experiência do estranho-familiar – a redução da criação à criatividade e os movimentos conservadores –, o gozo do sujeito vem da ilusão de garantir sua estabilidade e seu pertencimento, placebo para o medo de estigmatização e vergonha social que a desestabilização de seu mundo lhe provoca, por interpretá-la como perigo de colapso. O que resulta desses tipos de ação desejante é um destino funesto da pulsão: a interrupção do processo de germinação da vida coletiva. E se é na existência coletiva que esse processo se interrompe é porque mesmo que tal germinação seja apenas brecada na existência de um indivíduo ou grupo, ela gera necessariamente um ponto de necrose na vida do corpo social e na de seu ambiente. Este é um exemplo da política dominante de subjetivação na qual se produz a mencionada tendência que, ao que tudo indica, é exclusiva à espécie humana: agir contra a vida.

O abuso profanador da pulsão é difícil de captar, já que ele se dá numa esfera que escapa à consciência e cuja experiência é anestesiada no modo de subjetivação hegemônico, sob o feitiço da sedução perversa que captura as subjetividades. Porém, suas inúmeras manifestações no campo social são plenamente acessíveis àqueles que toleram manter-se atentos aos processos de degradação da vida, presentes em cada um dos sintomas de sua violação. Os mais óbvios são as relações com o meio ambiente geradoras de desastres ecológicos. Ou ainda as relações de poder classistas, machistas, homofóbicas, transfóbicas, racistas, xenofóbicas, chauvinistas, nacionalistas, colonialistas etc. Se nesses dois tipos de exemplo da manifestação do abuso da pulsão o sujeito confina o outro num lugar imaginário de objeto a seu serviço – como nas relações de poder no modo-cafetinagem –, no conjunto de fenômenos evocados no segundo exemplo tal abuso é sustentado por um imaginário que projeta sobre esse outro, reduzido a objeto, uma suposta natureza inferior ou mesmo sub-humana. Tal projeção pode chegar a sua total invisibilização e inexistência e até levar a seu extermínio, que, em casos extremos, culmina com o desaparecimento de seu corpo (é o que o nazismo chamou de "solução final", referindo-se à sua política de relação com o outro quando esta atingiu sua mais extrema e explícita radicalidade, com o uso de câmaras de gás e fornos crematórios; solução posteriormente adotada, entre outros, pelos regimes ditatoriais nos anos 1960 a 1980 na América Latina, com procedimentos distintos – como jogar os corpos no mar –, e que gerou a categoria de "desaparecidos").

Os exemplos de manifestações do abuso profanador da vida acima mencionados não são portanto epifenômenos do regime, mas sintomas de sua própria medula na esfera da política dominante de desejo e de subjetivação. Diante disto, fica evidente que não basta subverter a ordem dos lugares destinados a cada um dos personagens em jogo na cena das relações de poder (insurreição macropolítica), é preciso abandonar os próprios personagens e suas políticas de desejo (insurgência micropolítica), inviabilizando assim a continuidade da própria cena – como ocorre quando se dá a quebra do feitiço do poder do cafetão na subjetividade de sua presa. Com lógicas e temporalidades díspares e paradoxais, da insurgência contra a violência em ambas as esferas depende, incontornavelmente, a dissolução do regime por toda parte e em cada uma das atividades humanas. Esta é a condição *sine qua non* para que se viabilize uma transmutação efetiva do presente, já que, em sua nova versão, o regime logrou colonizar o conjunto do planeta, incidindo macro e micropoliticamente em todas as suas entranhas, ao ponto de que hoje nenhuma atividade humana lhe escapa. Daí Guattari chamar o novo regime de "Capitalismo mundial integrado", já no início dos anos 1980, quando este apenas começava a mostrar seus sinais,[9] ou Milton Santos chamá-lo de "capitalismo globalitário".

Nesse novo cenário conseguimos vislumbrar a razão da impotência das esquerdas – sobretudo as tradicionais e, mais ainda, as institucionais – face aos desafios do presente: aquilo que chamou-se de "resistência" nessa tradição reduz-se à esfera macropolítica, o que limita o horizonte de alcance de sua visão e, portanto, o êxito de suas estratégias.

Afinal, o que faz com que as esquerdas hoje estejam tão perdidas?

Antes de mais nada, somos forçados a reconhecer que, se a atual guinada à direita no poder do Estado contribui para a impotência das esquerdas, tal impotência não se explica apenas como resultado de forças externas adversas. Sua causa encontra-se também em seu próprio interior. Nisto reside talvez sua maior dificuldade, que inclusive compromete seu combate contra tais forças externas. A forma de mundo em que se movem as esquerdas tradicionais é a mesma em que tendem a mover-se todos os demais no regime colonial-capitalístico – pois é nesse regime que as esquerdas têm sua origem e seus desdobramentos ao longo do tempo. Como é apenas na esfera macropolítica que elas atuam, o resultado de

---

9 Félix Guattari, *"Le Capitalisme Mondial Integré et la Révolution Moléculaire"*, relatório de palestra proferida em seminário do grupo CINEL, em 1980. Publicado em português como "O Capitalismo Mundial Integrado e a Revolução Molecular" no livro *Revolução Molecular: Pulsações políticas do desejo* (coletânea de textos de Guattari organizada e traduzida por Suely Rolnik), São Paulo: Editora Brasiliense: São Paulo, 1981.

suas ações permanece confinado na própria forma de mundo que sua (nossa) luta tem como alvo. A perspectiva que orienta o combate das esquerdas tradicionais, em suas várias vertentes, tende assim a perpetuar a lógica do próprio regime que elas (nós) visam(os) ultrapassar. Tendo isso em vista, não é de se surpreender que suas ações não logrem combatê-lo e resultem sempre em sua triste e frustrante reprodução.

É incontestável que, no interior desse regime onde atuam as esquerdas, sua posição é a mais justa, pois, de diferentes maneiras e em diferentes medidas e escalas de êxito e fracasso, ela visa a uma distribuição de lugares menos assimétrica – nos âmbitos social, econômico e político –, bem como um Estado que sustente essa ampliação da igualdade. E é fato que, com distintas magnitudes e durações, tal objetivo foi várias vezes alcançado. Se essa luta é, sem dúvida, indispensável e tem um inegável valor, o problema é que limitar-se a ela deixa de fora a esfera micropolítica: esfera das formações do inconsciente no campo social que definem os modos de existência e às quais correspondem uma certa política dominante de subjetivação e sua respectiva política de desejo (relembrando que tais micropolíticas constituem a base existencial de todo e qualquer regime sociopolítico-econômico-cultural).

E mesmo quando as esquerdas, principalmente as tradicionais, abordam os modos de existência, tendem a fazê-lo apenas desde uma perspectiva macropolítica: tais modos são classificados em entidades identitárias, nas quais são confinados e com as quais tendem a confundir-se as próprias subjetividades que os praticam, passando a resistir apenas nesse âmbito. Isto é particularmente grave quando se trata de camadas sociais desfavorecidas, ao lado das quais se dá prioritariamente a luta das esquerdas. Estas tendem a classificá-las na categoria "operário": lugar identitário fetichizado, destinado aos oprimidos em seu imaginário, por ser este limitado às relações de classe e às visões de mundo e de insurreição originadas no capitalismo industrial. E quando se trata de setores da sociedade que não têm como serem encaixados em tal categoria (por exemplo, indígenas, quilombolas, trabalhadores terceirizados e precarizados, imigrantes ilegais, refugiados), o que as esquerdas tradicionais buscam é promover sua "inclusão" no mapa oficial da democracia, de modo que possam aceder aos direitos dos operários.[10] Se aceder a direitos civis é essencial, no entanto a redução a essa meta e, sobretudo, a partir de uma negação da experiência singular de tais agentes sociais e de seu direito de existir – a qual é substituída pelas esquerdas por uma caricatura identitária –, tende a levá-los a uma adaptação submissa ao modo hegemônico de subjetivação.

Limitar-se a promover "inclusão" como sua principal meta – senão a única – não só revela que as esquerdas tradicionais, de fato, tendem a tomar a cartografia dominante como referência, mas, mais do que isso, que elas a consideram como "a" referência, absoluta e universal, segundo a qual todas as demais deveriam moldar-se. É que, do ponto de vista da cartografia dominante – da qual, nesse aspecto, as próprias esquerdas compartilham –, as diferenças de qualquer modo de existência em relação ao seu são avaliadas como índices

10 Ver a esse respeito a citação de Eduardo Viveiros de Castro numa conversa com Marcio Ferreira da Silva, incluída em uma reportagem de Rafael Cariello ("O antropólogo contra o Estado", publicada na *Revista Piauí* em dezembro de 2013): "O PT, a esquerda em geral, tem uma incapacidade congênita para pensar todo tipo de gente que não seja o bom operário que vai se transformar em consumidor. Uma incapacidade enorme para entender as populações que se recusaram a entrar no jogo do capitalismo. Quem não entrou no jogo – o índio, o seringueiro, o camponês, o quilombola –, gente que quer viver em paz, que quer ficar na dela, eles não entendem."

de atraso nas etapas de um suposto determinismo que seria próprio ao "progresso civilizatório", ao qual estaria destinado o conjunto da humanidade. Neutraliza-se assim a experiência singular dessas subjetividades e denega-se toda e qualquer alteridade. Mais grave ainda é que, com isso, perde-se o acesso à imprescindível experiência de habitar a trama relacional tecida entre distintos modos de existência e, sobretudo, de sustentar os possíveis efeitos transformadores que disto decorreriam, tornando caduca a cartografia dominante. Em outras palavras, o que se interrompe com essa visão reduzida à macropolítica é a possibilidade da força vital cumprir seu destino ético: a invenção de respostas às necessidades de mudança, advindas precisamente dos efeitos da alteridade (humana e não humana) nos corpos que compõem o tecido social. É a partir de tais efeitos que emergem os devires da vida coletiva, próprios da insubordinação micropolítica.

E quando tais devires acontecem e novos modos de existência emergem na vida coletiva, eles são lidos pelas esquerdas com a mesma lente, o que faz com que estas tendam igualmente a confiná-los em entidades identitárias. É o caso, por exemplo, de como elas reagem aos movimentos que hoje alargam o terreno de experimentação na sexualidade, os quais abalam as noções de gênero, assim com as de hetero e homossexualidade que orientam as práticas hegemônicas nesse campo – noções que confinam e modelizam a força erótica, cuja possibilidade de variação e transfiguração seria indispensável para a saúde individual e social. O confinamento da sexualidade no modelo patriarcal heteronormativo e nas categorias de gêneros supostamente universais é a base do confinamento da força vital em todos os demais domínios de atividade humana. Ao ignorar os processos de singularização em curso nas insurgências que vêm agitando esse domínio, as esquerdas neutralizam seus efeitos de transmutação das políticas de subjetivação hegemônicas e as mudanças das formas de existência individuais e coletivas que deles resultam. Em suma, o que é ignorado e neutralizado é a potência do combate micropolítico de que tais movimentos são portadores. Ainda que algumas das correntes reconheçam e valorizem a existência desses movimentos, elas tendem a reduzi-los à questão da desigualdade, remetendo o foco de sua insurreição à luta interna às relações de poder, seguindo seu modelo de luta de classes. Isso manifesta-se igualmente no mundo acadêmico, onde uma parcela dos intelectuais das distintas esquerdas mantém seu trabalho de pensamento submetido à perspectiva dominante nesse campo: reduzir a investigação à esfera macropolítica. Isso faz com que uma parte significativa da produção universitária tenda a reduzir-se a um conjunto de elucubrações estéreis. É o caso da tendência em certas análises acadêmicas sobre o atual estado de coisas que ficam girando obsessivamente em torno da questão da crise da democracia, tendo como foco o Estado e a pergunta de como reformá-lo para melhor representar o povo.

A limitação do horizonte das esquerdas à esfera macropolítica vem do fato de que, ao permanecer sob o domínio dos modos de existência hegemônicos, sua subjetividade tende a reduzir-se à experiência como sujeito, assim como tende a reduzir ao sujeito a subjetividade de seus outros; daí sua impossibilidade de alcance da esfera micropolítica. Em última análise, a razão da impotência das esquerdas face aos novos desafios é a política de subjetivação que nelas tende a prevalecer: uma política guiada pelo inconsciente colonial-capitalístico. É precisamente isto o que impede que o foco de seu combate abranja esse terreno.

Já é um grande passo reconhecermos esse fato, ao invés de permanecermos paralisados, lamentando melancolicamente a impotência das esquerdas perante a nova dobra do capitalismo ou nossas frustrações com os governos sob seu domínio no passado ou no presente. Porém, não basta constatá-lo, cabe a nós darmos um passo adiante: explorar pragmática e teoricamente a esfera micropolítica, pois sem a reapropriação da vida não há possibilidade de uma transformação efetiva da situação a que chegamos hoje e tampouco a transvaloração de seus valores. Impõe-se igualmente a tarefa de explorarmos as diferenças entre, de um lado, esse protesto pulsional dos inconscientes (insurreição micropolítica),[11] cujo objetivo é liberar a vida de sua expropriação e, de outro, o protesto programático das consciências, cujo objetivo é ampliar a igualdade de direitos (insurreição macropolítica).[12] E, mais do que isso, é imprescindível explorar teórica e pragmaticamente a inextrincável conexão entre ambas, de modo a ajustar o foco de nossas estratégias de insurreição em ambas as esferas. O que segue são algumas anotações nessa direção.

11 A ideia de acrescentar a qualificação de "pulsional" ao "protesto dos inconscientes", sugerido por Deleuze e Guattari, tem sua origem na noção de "inconsciente pulsional" e seus desdobramentos, tal como propostos pelo psicanalista e teórico brasileiro João Perci Schiavon. Ver referências bibliográficas deste autor na nota 7 do primeiro ensaio publicado aqui: "O inconsciente colonial-capitalístico".

12 A ideia de um "protesto dos inconscientes" foi proposta por Gilles Deleuze e Félix Guattari em 1972, com o humor que é peculiar a estes autores. Ver nota 1 do primeiro ensaio publicado aqui: "O inconsciente colonial-capitalístico".

Em que diferem, afinal, as insurreições macro e micropolítica?

Examinemos então, ponto por ponto, as insurreições em cada uma dessas esferas. Sendo na micropolítica que, nesse momento, a vida nos impõe uma exigência maior de decifração de seus mecanismos e de refinamento dos modos de ação frente a eles, nosso maior desafio está em desenvolver ferramentas apropriadas ao trabalho implicado na descolonização do inconsciente – matriz da resistência micropolítica. Por essa razão, essa esfera da insurreição receberá uma atenção mais demorada na maior parte dos sete pontos escolhidos para a análise a que nos propomos a seguir.

1) Foco

Macropolítica (um foco visível e audível que situa-se no âmbito do sujeito):

Como vimos, o foco da insurreição macropolítica é a desigualdade na distribuição de direitos na cartografia das formas de sociedade estabelecidas pelo regime colonial-capitalístico. Em outras palavras, seu alvo é a assimetria própria às relações de poder que se manifestam não só entre classes sociais, mas também nas relações de raça, gênero, sexualidade, religião, etnicidade, colonialidade. Tomá-las como objeto de luta engloba o Estado e suas leis que sustentam tais assimetrias.

Micropolítica (um foco invisível e inaudível que situa-se na tensão entre o sujeito e o fora-do-sujeito):

Também como já vimos, o foco da insurreição micropolítica é o abuso perverso da força vital de todos os elementos da biosfera (composto pela vida do conjunto de seres vivos que habitam o planeta, inclusive os humanos), bem como dos outros três planos do ecossistema planetário, indispensáveis para a composição e manutenção da vida. Tal abuso é a medula micropolítica do regime colonial-capitalístico. A hegemonia dessa dinâmica micropolítica constitui uma patologia altamente agressiva com graves sequelas não só para o destino da humanidade, mas para o do planeta como um todo, já que afeta os quatro planos de seu ecossistema.

2) Agentes em potencial

Macropolítica (apenas os humanos)
Só os humanos são agentes em potencial da insurreição macropolítica, principalmente aqueles que ocupam posições subalternas na trama social – embora a consciência da injustiça social decorrente da assimetria de direitos, assim como a vontade de combatê-la, surja igualmente entre os que ocupam posições soberanas nas relações de poder.

Micropolítica (humanos e não humanos)
Os agentes em potencial da insurgência micropolítica são todos os elementos da biosfera que se insurgem face à violência contra a vida. No entanto, há entre os elementos humanos e não humanos diferenças de dinâmicas de resposta a essa violência, pois diferem as dinâmicas de sua força vital. Os não humanos captam a anemia vital resultante de seu abuso e, diante disso, criam transfigurações que lhe permitem retomar seu pulso. Por exemplo, um rio que seca pelo excesso de lixo colonial-cafetinístico e que, diante disso, se insurge deslocando-se para o subterrâneo, onde encontra a

possibilidade de voltar a fluir, agora protegido de tais efeitos venenosos;[13] ou ainda árvores que florescem antes da primavera, rebelando-se contra o risco de esterilidade que pode decorrer do acúmulo de poluição.[14]

Já no elemento humano, como a resposta ao abuso depende da política de desejo dominante em cada contexto, esta varia segundo as diferentes culturas. Na cultura do regime colonial-capitalístico em suas várias dobras, como vimos, a redução da subjetividade à sua experiência como sujeito, inseparável do abuso da pulsão, gera um trauma diante do qual tende a prevalecer a resposta reativa – base da política hegemônica de subjetivação nesse regime. Como já referido, interpretamos o estado de fragilidade em que tal abuso nos coloca como sinal de nossa falência (egoica, existencial e social), o que nos apavora, e face a esse perigo imaginário tende a prevalecer a resposta reativa. O desejo então agarra-se ao *status quo*, agindo assim contra a perseveração da vida, ao invés de operar a seu favor. As formações do inconsciente no campo social que disso decorrem são responsáveis pelo surgimento das hordas de zumbis que têm povoado o planeta cada vez mais assustadoramente.

Mas quando o desejo logra responder ativamente ao trauma do abuso, ele se potencializa e busca agir tendo em mira a descolonização do inconsciente, procurando desviar a pulsão vital do destino no qual sua cafetinagem a mantém

---

13 Isto de fato aconteceu no Rio Doce, na aldeia Krenak, situada à sua margem esquerda, no município de Resplendor. Algum tempo depois dessa parte do rio ter ficado aparentemente morta, pelo impacto devastador de seu abuso pela Vale, descobriu-se que havia voltado a fluir, caudaloso, sob a terra. Ver Ailton Krenak, "Em busca de uma terra sem tantos males". In: *O lugar onde a terra descansa*, Rio de Janeiro: Núcleo de Cultura Indígena, 2000.

14 Tal fenômeno tem acontecido, nos últimos anos, na cidade de São Paulo.

confinada. A subjetividade ganha então a possibilidade de habitar simultaneamente o sujeito e o fora-do-sujeito, em busca de retomar em suas mãos o poder de decidir o destino da pulsão, reassumindo assim sua responsabilidade ética perante a vida – é nesse processo que nos tornamos agentes da insurgência micropolítica. Partindo do princípio de que a descolonização do inconsciente implica necessariamente o terreno de nossas relações, das mais íntimas às mais distantes, os efeitos de qualquer gesto nessa direção são coletivos.

Como na micropolítica estamos todos sob o domínio do regime de inconsciente colonial-cafetinístico, ser agente da insurgência nessa esfera independe de nosso lugar na cartografia social, econômica e cultural e da posição que ocupamos nas relações de poder – seja ela de soberania ou de subalternidade, em seus diferentes graus –, por mais estranho que isso possa nos parecer do ponto de vista macropolítico e, mais estranho ainda, quando nosso horizonte reduz-se a essa esfera.

Mas, por outro lado, é evidente que, como tudo que é vivido no plano das formas e seus códigos é indissociavelmente vivido no plano das forças que as animam e também as desordenam, as distintas posições nas relações de poder na esfera macropolítica (relações de classe, raça, etnia, gênero etc.) têm seus efeitos na esfera micropolítica. Porém, não há qualquer simetria ou paralelismo entre os agentes potenciais da insurgência em cada uma dessas esferas. Se na esfera macropolítica estes se distribuem em uma cartografia organizada em pares binários, sendo o polo subalterno o agente por excelência da insurreição, a lógica de sua distribuição no diagrama de forças próprio da esfera micropolítica é outra e pode surgir de qualquer lugar na trama social, já que estamos todos sob o domínio do inconsciente colonial-cafetinístico.

Em que tenderiam então a distinguir-se os efeitos micropolíticos do abuso da pulsão nas subjetividades que, na esfera macropolítica, ocupam respectivamente o lugar de subalternos e de soberanos?

Do lado dos subalternos, sofrer opressão, exploração e exclusão (as quais situam-se na esfera macropolítica) produz no sujeito a experiência de que sua existência não tem valor, o que lhe gera um intolerável sentimento de humilhação. Isto tem um efeito traumático na esfera micropolítica: a tendência a machucar mais ainda sua pulsão vital já debilitada pelo medo do colapso de si provocado pelo abuso. Os traumas de classe, de raça e de etnia estão entre os mais graves e difíceis de superar, porque não param de se reproduzir do começo ao fim da existência do indivíduo, de sua família e de sua comunidade. Mais do que isso, tais traumas têm início antes mesmo do nascimento, já que são herdados dos ancestrais e inscritos no DNA desde as experiências longínquas da colonização e da escravidão, do exílio forçado que estas implicaram, do extermínio daqueles que não se adaptaram a essa forma extrema de poder ou dos que morreram de banzo por não tolerá-la. O mais grave é que esses traumas herdados não param de se reatualizar, continuando a reproduzir-se até hoje. O duplo trauma – o medo do colapso gerado pelo abuso e o terror da humilhação gerado pela desqualificação do lugar que lhe é atribuído na sociedade – coloca a vida num tal grau de ameaça à sua integridade que as respostas do desejo, das mais ativas à mais reativas, tendem nesse caso a intensificar-se. A resposta reativa é uma estratégia de defesa psíquica que se origina de um enrijecimento dos obstáculos da subjetividade para acessar seu saber-do-vivo, no intuito de proteger-se do efeito tóxico do trauma. Isto tende a impedir o desejo de agir na direção de livrar-se da colonização do inconsciente, o que pode levar a uma submissão ainda maior tanto ao abuso da pulsão quanto à opressão (a parcela das classes desfavorecidas que apoia fervorosamente figuras como o deputado federal Jair Bolsonaro ou que reivindica a volta da ditadura militar são exemplos eloquentes desse tipo de reatividade). Mas a mesma ameaça à integridade pode, ao contrário, gerar uma resposta ativa: impulsionar os subalternos a reconectar-se com o saber-do-vivo por uma questão de vida ou morte. Isto os leva a buscar rasgar o véu das narrativas fantasmáticas construídas a partir de seu duplo-trauma que mascaram a causa de seu mal-estar, deturpando sua visão da realidade, movidos pelo impulso de retomar as rédeas da pulsão vital em suas mãos. Quando isto acontece, eles tendem a atingir um alto grau de lucidez e ganham mais força não só para resistir micropoliticamente tanto ao abuso como à humilhação, mas também para sua luta macropolítica contra a opressão, a exploração e a exclusão.

Enquanto que, do lado do soberano, pelo fato de que o medo do colapso oriundo do trauma do abuso da pulsão não venha acompanhado pela experiência traumática da humilhação de classe e/ou de raça, o som do alarme é menos estridente em sua subjetividade e, consequentemente, é menor o grau de alerta de ameaça à vida que o alarme anuncia. A resposta do desejo, nesse caso, oscila igualmente na gama de micropolíticas entre os dois extremos de destinos possíveis de sua pulsão. Sua resposta reativa origina-se na diminuição do impulso do desejo a insurgir-se, o que pode levar à vitória de uma micropolítica de submissão de sua pulsão vital à vontade oriunda de sua experiência como sujeito, mesmo que esse seja (macro)politicamente correto. Tal tendência reativa intensifica-se pelo conforto material e narcísico de seu lugar de soberania nas relações de poder (o oposto do desconforto do lugar que o subalterno é levado a ocupar). Isto faz com que sua subjetividade se apegue mais ferrenhamente às formas estabelecidas, por medo de perder seus privilégios materiais, que ela tende a confundir com um suposto privilégio vital de seu modo de existência. Tal equívoco sustenta-se no imaginário da sociedade colonial-capitalística, que considera esse modo de existência como o ideal e ao qual todos deveríamos aspirar, quando de fato é próprio de uma vida estéril e que, portanto, não corresponde a privilégio de espécie alguma; ao contrário, é pateticamente miserável. Nisto o soberano diferencia-se do subalterno que, nessa esfera macropolítica, não tem nada a perder; ao contrário, só tem a ganhar. Mas o mesmo fato de que o grau de alerta seja menor em sua subjetividade pode, ao contrário, ampliar as condições psíquicas para que ela não sucumba ao trauma e o desejo ganhe um impulso para enfrentá-lo micropoliticamente, reconectando-se com o saber eco-etológico em busca de livrar a pulsão de seu abuso. Nesse caso, suas condições materiais podem inclusive favorecer a mudança, ao invés de brecá-la. O desejo tende então a agir na direção de práticas criadoras. Nas classes favorecidas, à quais pertencem tais subjetividades, tais práticas tendem a manifestar-se prioritariamente na arte. Mas hoje elas têm se manifestado cada vez mais também nas transfigurações dos modos de existência e nos movimentos ativistas que se insurgem nos vários domínios das relações nos âmbitos de gênero, sexualidade, raça, etnia etc. – embora, pelas razões acima apontadas, quando tais transfigurações e movimentos se dão nas periferias dos centros urbanos elas tendam a ganhar especial ousadia.

No campo específico das práticas artísticas, é nesse contexto que a questão das relações entre arte e política voltou recentemente à baila com renovada urgência e radicalidade diante da grave situação mundial. Mas agora, o foco passa a estar menos nas obras e seu desafio de problematizar o sistema da arte em seu próprio interior, como o era nos anos 1960, e mais nas seguintes perguntas: como resistir à cafetinagem da potência de criação na arte, sua potência micropolítica? E, para além do âmbito institucional da arte, como estratégias artísticas podem intervir na vida social, instaurando espaços para processos de experimentação, sua proliferação, seus devires? E, mais radicalmente ainda, como contribuir para liberar a potência de criação de seu confinamento na arte?

É evidente que no âmbito das subjetividades não há generalizações possíveis; as figuras acima desenhadas de reação ao abuso, sejam elas as dos subalternos ou dos soberanos, misturam-se em diferentes graus compondo políticas de desejo que variam ao longo da existência. Em suma, as dinâmicas na esfera micropolítica são mais complexas e paradoxais do que as das posições que cada um ocupa macropoliticamente na sociedade. Nada garante que os subalternos sejam todos eles, por princípio, agentes em potencial da insubordinação micropolítica, já que sua subjetividade pode estar sob o feitiço do inconsciente próprio ao regime dominante, mesmo que o combatam macropoliticamente. E vice-versa: o soberano pode tornar-se eventualmente seu agente, quando quebra-se em sua subjetividade o feitiço dos valores oriundos desse tipo de inconsciente que regem a dinâmica de suas identificações, mesmo que do ponto de vista macro não vá além do politicamente correto.

3) O que move seus agentes

Macropolítica

O que move os agentes da insurreição macropolítica é a vontade de "denunciar" em palavras e ações as injustiças próprias à distribuição de direitos nas formas de mundo vigentes. O que querem com tais denúncias é "conscientizar" a sociedade através da transmissão de informações e explicações, para "mobilizar" (sobretudo os subalternos) por meio da identificação a agir nessa direção. Em suma, o que os move é a vontade de "empoderar" os subalternos, assim como os movimentos macropolíticos e sua organização, engrossando o caldo de sua força para que consigam instaurar uma distribuição de direitos mais igualitária.

Micropolítica

O que move os agentes da insurreição micropolítica é a vontade de perseveração da vida que, nos humanos, manifesta-se como impulso de "anunciar" mundos por vir, num processo de criação e experimentação que busca expressá-los. Performatizado em palavras e ações concretas portadoras da pulsação desses gérmens de futuro, tal anúncio tende a "mobilizar outros inconscientes" por meio de "ressonâncias", agregando novos aliados às insubordinações nessa esfera. Os novos aliados, por sua vez, tenderão a lançar-se em outros processos de experimentação, nos quais se performatizarão outros devires do mundo, imprevisíveis e distintos dos que os mobilizaram.

4) Intenção

Macropolítica (empoderamento do sujeito)
A intenção de insurgir-se macropoliticamente é o "empoderamento" do sujeito: libertar-se da opressão política, da exploração econômica e da exclusão social; sair do silenciamento e da invisibilização, para ocupar afirmativamente um "lugar de fala" dignamente ouvida e um "lugar de existência" dignamente reconhecida. Como a insurreição nessa esfera visa promover uma redistribuição mais igualitária das posições nas relações de poder, sua intenção de empoderar o sujeito tem como meta, em última instância, levar à instauração de um Estado mais democrático.

Micropolítica (potencialização da vida)
A intenção de insurgir-se micropoliticamente é a "potencialização" da vida: reapropriar-se da força vital em sua potência criadora. Nos humanos, a reapropriação da pulsão depende de reapropriar-se igualmente da linguagem (verbal, visual, gestual, existencial etc.), o que implica em habitar a linguagem nos dois planos que a compõem: a expressão do sujeito e a do fora-do-sujeito que lhe dá movimento e a transforma. Isso depende de lançar-se num processo de experimentação movido pela tensão do paradoxo entre ambos – o que é indispensável para que a pulsão possa guiar o desejo em direção a conexões que lhe permitam criar algo no qual ela encontre sua expressão. Nesse processo de experimentação – em que se criam palavras, imagens, gestos, modos de existência, de sexualidade etc. –, os mundos ainda em estado larvar que se anunciam ao saber-do-vivo tornam-se sensíveis.

Em última instância, há duas diferenças fundamentais entre as intenções dos combates micro e macropolítico. A primeira é que expressar em palavras e ações vivas os mundos que se anunciam (o que é próprio da micropolítica) é distinto de explicar a desestabilização que estes provocam; a experimentação ativa requer "implicação" nessa emergência e não uma "explicação" que nos proteja, nos aliviando ilusoriamente. Essa é a condição para que o movimento pulsional se complete em seu destino ético, produzindo um acontecimento. A segunda é que "potencializar a vida" é distinto de "empoderar o sujeito", uma intenção própria à esfera macropolítica da insurreição. Ambas as intenções são importantes e complementares. O problema é quando se visa apenas o empoderamento – desconsiderando a potencialização vital que depende da implicação que o saber-do-vivo anuncia –, pois isso nos faz permanecer cativos da lógica do próprio sistema que buscamos combater.

Diferenciar ambas intenções é especialmente indispensável para os corpos considerados de menor valor no imaginário social – como o corpo do pobre, do trabalhador precarizado, do refugiado, do negro, do indígena, da mulher, do homossexual, do transexual, do transgênero etc. Quando a insurgência desses corpos abarca um desejo de potência, além da necessidade de empoderamento, é mais provável que o movimento pulsional encontre sua expressão singular e dele resultem transmutações efetivas da realidade individual e coletiva, inclusive em sua esfera macropolítica.

5) Critérios de avaliação das situações

Macropolítica (critério moral)
O critério macropolítico para avaliar as situações é exclusivamente racional, guiado pelo juízo moral próprio ao sujeito:

o que orienta as escolhas e ações nessa esfera é uma "bússola moral". Sua agulha aponta para sistemas de valores dos modos de existência vigentes: aqueles com os quais cada subjetividade se identifica em sua experiência como sujeito e dos quais se utiliza para situar-se no campo social.

Micropolítica (critério pulsional e sua ética)
O critério para avaliar as situações na esfera micropolítica é "pulsional": o que orienta nossas escolhas e ações nessa esfera é uma "bússola ética". Sua agulha aponta para aquilo que a vida pede como condição para perseverar a cada vez que se vê debilitada por sua asfixia nos modos de existência vigentes e seus valores que, quando isto ocorre, perdem seu sentido. Em suma, o critério micropolítico para decifrar as situações é guiado pelo poder de avaliação próprio aos afetos, o que se acessa na experiência fora-do-sujeito.

6) **Modos de operação**

Macropolítica (por negação)
É "por negação" que se opera a insurreição na esfera macropolítica: trata-se de estratégias de "combate contra" os opressores e as leis que sustentam seu poder em todas suas manifestações na vida individual e coletiva. Esta é a condição para subverter a distribuição de posições no interior das relações marcadas pela opressão e a exploração. Se o combate aqui opera pela via da oposição é porque são, de fato, opostos os interesses dos dois polos em luta nas relações de poder, sendo, portanto, "dialética" a dinâmica da luta entre eles.

Micropolítica (por afirmação)

É "por afirmação" que se opera a insurgência na esfera micropolítica: trata-se de um "combate pela" vida em sua essência germinativa. Um combate que consiste em buscar não ceder ao abuso da pulsão, o que depende de um longo trabalho de travessia do trauma que tal abuso provoca – cujos efeitos são a despotencialização da força vital que decorre de sua violação e prepara o terreno para sua cafetinagem. O objetivo desse modo de operação próprio do combate micropolítico é que se consiga neutralizar esses efeitos do trauma do abuso o máximo que se puder a cada momento e face a cada situação. Resistir ao abuso é a condição para desarticular o poder do inconsciente colonial-capitalístico em nossa própria subjetividade, o qual nos faz permanecer enredados nas relações de poder, seja na posição de subalterno (mesmo quando nos insurgimos macropoliticamente contra ela) ou de soberano (mesmo que sejamos os mais macropoliticamente corretos).

Tomemos como exemplo o combate das mulheres. É indispensável e inadiável que a mulher se insurja contra a desigualdade nas relações de gênero. No entanto, se ela busca sair de seu lugar subalterno insurgindo-se apenas nessa esfera, macropolítica, nada garante que sua subjetividade recupere sua plena existência, pois isso depende de que ela se reaproprie da pulsão, cujo destino lhe foi sequestrado por essas mesmas relações de poder. Se ela não se insurge igualmente nessa esfera, micropolítica, é provável que ela continue se mantendo dependente do olhar do homem para se sentir existindo e, com isso, ela não só permaneça cativa da cilada da dominação masculina e do abuso machista, mas o alimente com seu próprio desejo. Em outras palavras, ao não incorporar a esfera micropolítica ao combate, este tende a ficar prisioneiro de uma lógica de oposição ao homem. A luta da mulher torna-se então uma disputa de poder que toma o personagem masculino da cena machista como única referência para sua identificação e, com isso, mantêm-se a hegemonia desse personagem e a própria cena – precisamente o que a mulher visava em seu combate macropolítico.

A cena do machismo, como a de toda e qualquer relação de poder, é desempenhada por dois personagens: o opressor e o oprimido, ambos implicados em sua dinâmica e por ela responsáveis. Para desarticular tais relações, o oprimido tem que desertar seu papel no roteiro do abuso – seja este o de vítima do opressor ou, na melhor das hipóteses, o de seu mero opositor –, transfigurando-se em outro(s) personagem(ns) ou simplesmente abandonando a cena. Quando isso acontece, o personagem do opressor, seu parceiro de cena, fica falando sozinho e a cena não tem mais como continuar existindo. Não será precisamente essa operação insurrecional micropolítica o que vem sendo introduzido pelos movimentos atuais acima mencionados, sobretudo nas relações de poder nos âmbitos de raça, sexo e gênero?

Mas o que acontece com o personagem no qual se encontra confinado o opressor quando ocorre essa transfiguração do personagem do oprimido na cena das relações de poder? Retomemos o exemplo do teatro machista. Diante da angústia que a desestabilização da cena provoca no homem, na qual até então ele tinha seu lugar garantido e podia repetir seu personagem *ad infinitum*, são várias as suas possíveis respostas. Se a política do desejo que conduzir sua resposta for ativa – o que vem acontecendo cada vez mais, embora ainda minoritariamente –, tal experiência pode impulsioná-lo a fazer o mesmo movimento que levou o personagem da mulher a transmutar-se: superar sua desconexão com o extrapessoal, assim como sua impossibilidade de sustentar-se na tensão entre o pessoal e o extrapessoal para deixar-se guiar pelos efeitos da cena em seu corpo. A partir daí, também ele buscará recriar a si mesmo orientado pelos afetos de sua interação com o(s) novo(s) personagem(ns) da mulher que com ele contracena(m), tornando-se, como ela, um agente da insurgência micropolítica. E, nesse caso, o(s) novo(s) personagem(ns) da mulher, por sua vez, tenderá(ão) a se transmutar a partir dos afetos dessa nova dinâmica de interação e assim por diante. Nessa dança, pode surgir um novo roteiro, no qual a política de desejo que orienta os personagens e a dinâmica de sua relação já não estejam submetidas ao inconsciente colonial-cafetinístico, levando à formação de um outro regime de inconsciente e à consequente instauração de novas cenas na paisagem social, já distantes do machismo. Mas é óbvio que o cancelamento do teatro machista e a impossibilidade do personagem masculino de seguir atuando no papel de opressor pode levá-lo, igualmente, a uma resposta reativa, violenta, movida por sua exasperada vontade de conservar a cena e seu personagem na mesma a qualquer preço, por medo de colapsar. É esta, infelizmente, a tendência que vem não só prevalecendo, mas, inclusive, expandindo-se exponencialmente nos últimos tempos. Uma de suas manifestações mais óbvias é justamente o espantoso aumento do número de feminicídios, à medida que avança a insurgência feminista, principalmente nas regiões das ex-colônias, como a América Latina e a África – fenômeno que participa do conjunto de situações que causaram o tsunami do conservadorismo cada vez mais tacanho e cruel que tem devastado o planeta.

Em suma, há uma diferença fundamental entre os combates macro e micropolítico em suas respectivas abordagens das relações de poder: se a operação de resistência macropolítica visa redistribuir os lugares no interior das relações de poder, a operação de insubordinação própria da esfera micropolítica visa, diferentemente, desmanchar tais relações, dissolvendo seus personagens, seus respectivos papéis e a própria cena. Combater a cafetinagem da pulsão, medula do inconsciente colonial-capitalístico, implica construir para si um outro corpo, abandonando a carapaça de um corpo estruturado na dinâmica do abuso – como os gafanhotos abandonam seu exoesqueleto para que um outro corpo, ainda embrionário, possa germinar e tomar o seu lugar. E se esse combate se dá por afirmação e não por oposição, como é o caso na esfera macropolítica, é porque a dinâmica da tensão entre o pessoal e o extrapessoal não é dialética, mas paradoxal, e enfrentá-la implica ações afirmativas de um devir-outro dos personagens na cena das relações de poder.

Nessa operação micropolítica de combate as fronteiras entre política, clínica e arte tornam-se indiscerníveis. Sua dimensão clínica reside no fato de que o que se visa é livrar o inconsciente de sua patologia colonial-capitalística. Trata-se de uma busca por "curar" a vida o mais possível de sua impo-tência, sequela de seu cativeiro na trama relacional do abuso que aliena a subjetividade das demandas vitais e mantém o desejo refém do regime dominante em sua essência cafe-tina. E se tal operação de cura é indissociável da operação artística é porque ela só se completa com a criação de novos modos de existência que performatizem as demandas vitais, realizando assim a germinação dos embriões de mundo que pulsam nos corpos. Em última análise, cada gesto de insur-reição micropolítica é, nele mesmo, um movimento de res-surreição da vida.

Se qualificamos de "operação artística" a criação de novos modos de existência que dão corpo para as demandas vitais é porque na cultura moderna ocidental, própria do regime colonial-capitalístico, o exercício da força de criação encontra-se confinado numa atividade específica que se convencionou chamar de "Arte", cuja institucionalização data de pouco mais que dois séculos. Sendo assim, é inerente ao modo de operação micropolítico buscar libertar esse exercício o mais que se puder desse seu confinamento, o suficiente para que ele se reative nas demais práticas da vida social. E que se reative, inclusive, nas próprias práticas artísticas pois, sob o capitalismo financeirizado, tal exercício passou a ser quase impossível também nesse campo. É que nessa nova dobra do regime, a arte tornou-se uma fonte privilegiada para a cafetinagem da potência vital de criação: hoje, até mesmo nesse campo, manter essa força direcionada a seu destino ético tornou-se um desafio frente ao poder do abuso colonial-capitalístico em todos nós, inclusive nos artistas. Tal abuso consiste não só em neutralizar a potência de criação reduzindo-a à criatividade, mas também em usá-la como signo de pertencimento às elites transnacionais a ser ostensivamente exibido. Ser colecionador, conhecer uma meia dúzia de nomes de artistas e curadores que estejam na crista da onda do mercado, frequentar *vernissages* e feiras de arte e fazer turismo nas grandes exposições internacionais pelo mundo passou a constituir um elemento essencial do glamour projetado sobre a estéril existência de tais elites, glamour que lhes dá um *plus* de sedução e aumenta o poder de seu *self-brand* no mercado. Além dessas vantagens micropolíticas que a arte lhes traz e de seus efeitos em seu poder macropolítico, esta tornou-se mais do que nunca um terreno privilegiado para a especulação e a lavagem de dinheiro.

7) Modos de cooperação

Macropolítica (via recognição identitária para construir movimentos organizados e/ou partidos políticos)

É pela construção de "movimentos organizados e/ou partidos políticos" que se coopera na insurreição macropolítica, cujos agentes se agrupam "via recognição identitária". Trata-se de uma construção programática, que se faz a partir de um plano de ações previamente definido, visando a um fim relativo a uma mesma reivindicação (o que na esfera macropolítica consiste numa demanda concreta) e em função de uma mesma posição (subalterna) num determinado segmento da vida social. Nessa posição, que pertence à esfera da "pessoa" na experiência subjetiva (o sujeito), desenha-se um suposto contorno identitário que dá a liga para a necessária agrupação por meio da identificação. Vários desses segmentos podem unir-se num só movimento (em torno de reivindicações que implicam, por exemplo, gênero, raça e classe), assim como movimentos de diferentes segmentos podem juntar-se em torno de uma causa que diz respeito a todos. Este é um modo de cooperação que gera força de pressão para viabilizar uma reversão efetiva nas relações de poder no plano institucional (o que inclui o Estado e suas leis, mas não se reduz a ele). O tempo desse combate em cada campo visado é cronológico, encerrando-se quando seu objetivo é alcançado; no entanto, o movimento segue organizado para fazer face a novos alvos de luta.

Micropolítica (via ressonância entre frequências de afetos para a construção do "comum")[15]

---

15 Ver, a respeito da noção de comum aqui proposta, a nota 6 do primeiro ensaio publicado aqui: "O inconsciente colonial-capitalístico".

É pela construção do comum que se coopera na insurgência micropolítica, cujos agentes se aproximam "via ressonância intensiva"[16] que se dá entre frequências de afetos (emoções vitais). Trata-se de tecer múltiplas redes de conexões entre subjetividades e grupos que estejam vivendo situações distintas, com experiências e linguagens singulares, cujo elemento de união são embriões de mundo que habitam os corpos que delas participam, impondo-lhes a urgência de que sejam criadas formas nas quais tais mundos possam materializar-se completando assim seu processo de germinação. Isto só é possível num campo relacional e desde que nele prevaleçam desejos que buscam guiar-se por uma bússola ética, o que faz com que o resultado de suas ações seja necessariamente singular.

Criam-se com isso territórios relacionais temporários, variados e variáveis. Nesses territórios se produzem sinergias coletivas, provedoras de um acolhimento recíproco que favorece os processos de experimentação de modos de existência distintos dos hegemônicos, valorizando e legitimando sua ousadia. Tais experiências coletivas tornam mais possível o trabalho de travessia do trauma resultante da operação perversa do regime colonial-capitalístico, que confina as subjetividades nas formas

---

16 "Ressonância" é distinto de "empatia", outra palavra por demais desgastada em nossa cultura, que reduziu seu uso ao compartilhamento de opiniões, ideologias, sistemas de valor e sentimentos (emoções psicológicas) ou, mais precisamente, "bons sentimentos" – ou seja, um compartilhamento restrito à esfera do sujeito. Ainda no âmbito da redução do uso do termo empatia à esfera macropolítica e aos bons sentimentos, é sua atual inserção no léxico de atitudes politicamente corretas, as quais denegam as tensões próprias da relação com a alteridade e não implicam uma exigência de ação efetiva e tampouco de transformação de si a partir dos efeitos reais do outro (emoções vitais). Em suma, o termo empatia vem sendo usado em atitudes que denegam a esfera micropolítica, daí sua inadequação para designar aquilo que viabiliza a cooperação nessa esfera.

e valores dominantes, marcadas pela expropriação do movimento pulsional. Como tal superação implica um trabalho sem fim, o importante aqui é que ela atinja em cada situação um limiar que permita que a força vital criadora se libere, pelo menos suficientemente, de sua cafetinagem. Esta é a condição para que se logre compor um corpo individual e coletivo que resista à cafetinagem da vida e seja capaz de a repelir – é nesta composição que reside o significado da expressão "construção do comum", tal como aqui proposta.

De tais reapropriações coletivas da pulsão depende a possibilidade de constituição de campos favorecedores da emergência de um "acontecimento" – isto é, a emergência de uma transfiguração efetiva na trama social. Esta resulta da germinação dos embriões de mundos que ressoaram entre os corpos e os levaram a unir-se, produzindo um ninho para o nascimento de outros modos de existência e suas respectivas cartografias.

Em suma, são totalmente distintos os modos de cooperação próprios às insurreições macro e micropolíticas. Aqui também, ambos são indispensáveis e complementares. Os acontecimentos são o resultado dos processos de criação próprios da insurgência micropolítica, diferentemente das ações insurrecionais macropolíticas, as quais partem de um fim pré-definido. Se o modo de cooperação destas últimas gera uma força de pressão para viabilizar uma "distribuição de direitos mais justa" na cartografia em curso, o modo de cooperação micropolítico gera uma força de "metamorfose transindividual"[17] que cria novas cartografias, nas quais se plasma o direito à vida. Além disso, juntar-se por "ressonância"

---

17 Ver, a respeito da ideia de "força de transformação transindividual", Brian Massumi, *O Que os Animais nos ensinam sobre a Política*, São Paulo: n-1 edições, 2017.

é distinto de fazê-lo por "identificação". Ambos os elos são importantes; o problema é quando a subjetividade se confina no contorno identitário, reduzindo-se a ele. Tal redução tende a interromper os processos de subjetivação impulsionados pela tensão entre o pessoal e o extrapessoal, decorrente dos efeitos das forças do outro na esfera micropolítica quando estes extrapolam os contornos identitários e ameaçam dissolvê-los. Interrompidos tais processos, não há possibilidade de uma transformação efetiva da realidade, já que não haverá metamorfoses das políticas de subjetivação e dos novos modos de existência que com elas se criariam.

Descolonizar o inconsciente: matriz da insurreição micropolítica

Em vista do novo estado de coisas, torna-se inadiável aliarmos o protesto programático das consciências ao protesto pulsional dos inconscientes. Como aqui se tem insistido reiteradamente, a desarticulação entre ambas as esferas de combate, macro e micropolítica, só contribui para a reprodução infinita do *status quo*. Mais grave ainda é quando se estabelece entre seus agentes uma conflitiva polaridade, na qual há uma demonização recíproca em torno do que seria a suposta "verdadeira atitude revolucionária". Um tipo de relação que, infelizmente, esteve bastante presente nos levantes dos anos 1960 e 1970, causando muitos mal-entendidos, muita despotencialização e muita dor. É que "verdade" e "revolução" são conceitos criados no âmbito da política de produção de uma subjetividade antropo-falo-ego-logocêntrica, própria da cultura moderna ocidental colonial-cafetinística. Nosso desafio está, portanto, em superar em nós mesmos a nefasta dicotomia entre micro e macropolítica, buscando articulá-las em todos os campos relacionais de nossa cotidianidade e de nossos movimentos insurrecionais coletivos.

Para lograr enfrentar este desafio é preciso antes de mais nada refinar nosso diagnóstico do regime de inconsciente hegemônico e seus efeitos tóxicos na existência individual e coletiva, desde uma perspectiva ética. Isto depende da indissociabilidade de um trabalho teórico transdisciplinar e uma pragmática clínico-estético-política. O objetivo é criar instrumentos pragmático-conceituais adequados para a descolonização do inconsciente, alvo da insurreição micropolítica. E se tal tarefa impõe-se hoje com máxima urgência, é porque o combate nessa esfera ainda está engatinhando. Este começou a insinuar-se mais amplamente há pouco mais de meio século – desde os anos 1950, após a Segunda Guerra Mundial. A experiência macabra desse triste episódio da história nos trouxe a intuição de que não basta insurgir-se macropoliticamente, pois a reatividade micropolítica pode chegar a altíssimos graus de violência contra a vida: genocídios de baciada com requintes de perversão inimagináveis. Ainda assim, é só duas décadas depois, nos anos 1960 e 70, com a geração nascida no pós-guerra, que eclodiu um movimento micropolítico disseminando-se intempestivamente por toda a trama social em várias regiões do planeta. A experiência de insurreição nesta esfera é, portanto, muito mais recente do que a que se dá na esfera macropolítica que temos vivido há um século e meio – desde a Comuna de Paris em 1871 –, e para a qual contamos com um acúmulo bem maior de experiências.

A descolonização do inconsciente envolve um trabalho sutil e complexo de cada um e de muitos que só se interrompe com a morte; ela nunca está dada de uma vez por todas. Mas a cada vez que se consegue dar um passo adiante nesta direção é mais uma partícula do regime dominante em nós e fora de nós que se dissolve, e isto tem poder de propagação. É nestes momentos que a vida dá um salto e nos proporciona o gozo individual e coletivo de sua afirmação transfiguradora. Desejar este acontecimento de uma vida não cafetinada é o antídoto para a patologia do regime colonial-capitalístico que torna a vida genérica e nos faz desejar o gozo do poder – um gozo próprio de uma subjetividade reduzida ao sujeito, cuja cegueira nos leva a um miserável narcisismo devastador.

A NOVA MODALIDADE DE GOLPE

Um seriado em três temporadas

* Texto escrito em junho de 2018

Uma paisagem sinistra instaurou-se no planeta com a tomada de poder mundial pelo regime capitalista em sua nova dobra – financeirizada e neoliberal –, que leva seu projeto colonial às últimas consequências, sua realização globalitária. Junto com este fenômeno, um outro, simultâneo, também contribui para o ar tóxico da presente paisagem: a ascensão ao poder de forças conservadoras por toda parte, com tal nível de violência e barbárie que nos lembra, para ficarmos apenas no século XX, os anos 1930 que antecederam a Segunda Guerra Mundial e, posteriormente, os anos de regimes ditatoriais, os quais foram se dissolvendo ao longo dos anos 1980 (como os regimes militares da América do Sul ou o governo totalitário da União Soviética, entre outros). Como se tais forças jamais tivessem desaparecido de fato, mas apenas feito um recuo estratégico temporário à espreita de condições favoráveis para sua volta triunfal.

Neoliberais e Neoconservadores unidos? Como assim?

À primeira vista, a simultaneidade entre esses dois fenômenos nos parece paradoxal: são sintomas de forças reativas radicalmente distintos, assim como são distintos seus tempos históricos. Para além das diferenças mais óbvias que consistem no transnacionalismo de umas e no nacionalismo das outras, o alto grau de complexidade, flexibilidade, sofisticação e refinamento perverso, próprio do modo de existência neoliberal e suas estratégias de poder, está a anos luz do arcaísmo tacanho e da rigidez das forças abrutalhadas desse neoconservadorismo – cujo prefixo "neo" só faz sentido porque articula-se com condições históricas distintas das anteriores. Se o convívio entre esses dois regimes de poder turva nossa compreensão, passada a perplexidade inicial, vai se tornando evidente que o capitalismo financeirizado precisa dessas subjetividades rudes temporariamente no poder. São como seus capangas que se incumbirão do trabalho sujo imprescindível para a instalação de um Estado neoliberal: destruir todas as conquistas democráticas e republicanas, dissolver seu imaginário e erradicar da cena seus protagonistas – entre os quais, prioritariamente, as esquerdas em todos os seus matizes.

Uma coincidência de interesses de neoconservadores e neoliberais em relação a esse objetivo específico permite sua aliança temporária. A torpe subjetividade desses (neo)conservadores é explícita e fervorosamente classista e racista, para não dizer escravista e colonial, o que os leva a querer cumprir esse papel sem qualquer barreira ética e numa velocidade vertiginosa. Quando nem bem nos damos conta de uma de suas tacadas, uma outra já está em vias de acontecer, geralmente decidida pelo Congresso na calada da noite. Além disso, colabora para seu interesse nessa tarefa o fato de ser muito bem remunerada pelo poder executivo. Este lhes oferece em troca avultosas somas de dinheiro para realizar projetos absurdos em seus estados de origem e, com isso, ampliar seu apoio local; além dos milhões de reais em propina que as empresas que executam tais projetos – em geral a partir de licitações fraudadas – oferecem para suas contas privadas, propina que na verdade vem de superfaturamento e, portanto, das contas públicas. Instaura-se um campo de negociação entre Congresso e Executivo, no qual os deputados, em posição vantajosa, podem chantagear à vontade, exigindo mais e mais dinheiro para cumprir sua função de capangas. O exercício dessa missão lhes proporciona um gozo narcísico perverso, a tal ponto inescrupuloso que chega a ser obsceno. A esse gozo acrescenta-se a patética exposição de sua vaidade por terem de volta em suas mãos o poder que sempre haviam tido, o que alimenta sua autoimagem de machos valentões que eles exibem como se trouxessem na lapela arcaicos e ridículos brasões. Mal sabem eles que com seu trabalho sujo prepara-se o terreno para que avance e se fortaleça no Brasil a hegemonia dos circuitos globalizados do capital e das finanças, assim como das agendas e pautas neoliberais – atuantes no País desde os anos 1980, junto com seus sócios locais em vários setores da economia[1] –, os quais os eliminarão de cena tão logo se tornem desnecessários. É nesse cenário que se dá o novo tipo de golpe, criado pela atual versão do capitalismo: um seriado que se desenrola em três temporadas.

Embora o roteiro do seriado que será aqui apresentado se baseie em sua versão brasileira, este é muito semelhante às suas versões na maioria dos países da América Latina. Sua elaboração certamente tem início alguns anos depois do fim das ditaduras nesses países, quando começam a ser eleitos candidatos de esquerda para a presidência de seus respectivos governos, apoiados na ascensão dos movimentos sociais oriundos das lutas pela redemocratização. O seriado estreia em 2012, primeiro no Paraguai.[2] O roteiro traz igualmente

1 Para exemplificar a hegemonia na economia brasileira dos circuitos globalizados do capital e das finanças junto com seus sócios locais, citemos a financeirização do setor imobiliário, segundo escreve Raquel Rolnik: "(...) A partir do final dos anos 1990 começam a ocorrer grandes mudanças no setor de incorporação residencial, com fusões, aquisições e entrada de equity funds e asset management companies nas empresas." Raquel Rolnik, *Guerra dos Lugares: A colonização da terra e da moradia na era das finanças*, São Paulo: Boitempo Editorial, 2015, p. 290.

2 A referência aqui é a temporada do seriado do golpe no Paraguai cujo tema foi o *impeachment* do presidente Fernando Lugo, eleito em 2008 pela Aliança Patriótica para a Mudança, eleição que encerrou um período de domínio de 61 anos pelo partido Colorado de tendência conservadora e nacionalista, fundado em 1887 e controlado por Alfredo Stroessner durante seus governos ditatoriais (1954-1989). Após o *impeachment* de Lugo, o partido Colorado

elementos para abordá-lo em suas demais versões no resto do planeta, como na Espanha, na Polônia, na Hungria, na Áustria e na Rússia. Com variações de nuances para adaptar-se aos diferentes contextos, a estratégia do novo tipo de golpe de Estado tende a ser a mesma.

Roteiro do seriado

A primeira temporada do seriado do golpe no Brasil estreia em 2004, com a bombástica imagem do *Jornal Nacional* da Globo divulgando a notícia de denúncias de um esquema de pagamento de mensalidades a deputados da base aliada do governo de Luiz Inácio da Silva (Lula), que estaria sendo orquestrada em troca de apoio a projetos de interesse do Poder Executivo; esquema que mais tarde receberá o nome de "Mensalão". A edição intercala as imagens dos âncoras da Globo com as de milhares de famílias brasileiras diante da TV assistindo à notícia estarrecidas. No capítulo seguinte, vemos a instalação pelo Congresso da Comissão Parlamentar Mista de Inquérito (CPMI) em 2005, cujo objetivo é avaliar as denúncias que incluem membros do Partido dos Trabalhadores (PT) e de outros partidos da base aliada do governo Lula. A primeira temporada do seriado segue com o envio das acusações contra 38 denunciados ao Supremo Tribunal Federal (STF) em 2006, com relatoria do Ministro Joaquim Barbosa. Em capítulo posterior, o foco é colocado, de um lado, em Barbosa dando início,

ganhou duas eleições consecutivas em 2013 e 2018 (quando foi eleito Mario Abdo Benítez, filho do secretário particular de Stroessner), ambas na base de escandalosas fraudes. Apesar das inúmeras provas das falcatruas para obter a maioria dos votos e do reconhecimento internacional da ilegitimidade de ambos os presidentes eleitos, não se logrou anular as eleições.

em 2007, a um processo criminal contra os acusados, e, de outro, em duas figuras escolhidos pelas mídias oficiais entre as 38 na mira da justiça: José Dirceu, ex-ministro da Casa Civil da Presidência da República, e José Genoino, então presidente do PT. E as imagens continuam a ser intercaladas com os milhares de brasileiros diante de suas TVs, cada vez mais raivosos.

Na sequência, em junho de 2013, assistimos a massivas manifestações convulsionando o País. O que leva multidões às ruas não é apenas a indignação macropolítica de setores mais progressistas frente ao que já se mostra como golpe, mas fundamentalmente uma indignação micropolítica que atravessa todos os setores da sociedade brasileira: um mal-estar face à situação do País, o qual engloba forças de todo tipo – das mais ativas às mais reativas –, num emaranhado difícil de destrinchar. Do lado de forças mais ativas, o que se manifesta é uma intempestiva insubordinação à estratégia micropolítica do golpe, em sua violenta manipulação das subjetividades; mas também uma indignação macropolítica face às contradições dos governos petistas por suas alianças espúrias, à supremacia do poder empresarial sobre o poder público e o interesse dos cidadãos, aos gastos nababescos com os preparativos da Copa do Mundo e das Olimpíadas, claramente superfaturados e marcados pela corrupção, contrastando com a precariedade dos serviços públicos.[3] Do lado das forças mais reativas, o foco da ira é a corrupção, a esta altura do seriado já exclusivamente associada ao PT, o que já expressa o ódio ao partido e seus líderes que nas próximas temporadas ganhará graus de intensidade e extensão cada vez maiores.

---

3 A respeito de junho de 2013, entre os vários textos que o analisam, ver especialmente o ensaio de Francisco Bosco "O mês que não terminou" publicado na coluna Ilustríssima da *Folha de São Paulo* em 03/06/2018.

Nesse momento, o roteiro do seriado começa a acelerar-se, o que é visivelmente impulsionado por essa eclosão. É o que se constata quando apenas cinco meses depois assistimos ao mandato de prisão de vinte dos condenados pelo Mensalão, decretada por Barbosa, já então presidente do STF, sendo a prisão de dez deles (entre os quais Dirceu e Genoino) em 15 de novembro de 2013, data de celebração da Proclamação da República. O roteiro do seriado edulcora micropoliticamente a imagem dos dois líderes do PT sendo conduzidos à prisão como emblema maior dos festejos dessa data, nos fazendo crer que estamos assistindo à recuperação dos ideais republicanos, supostamente destruídos pelos governos do PT. A operação é parcialmente bem-sucedida, pois gera uma fervorosa adesão patriótica ao golpe em parte da sociedade.

No capítulo que assistiremos a seguir repete-se o mesmo estratagema: em 2014 tem início a operação Lava Jato, composta de mais de mil investigações pela Polícia Federal do Brasil, autorizadas pelo Juiz Federal Sérgio Moro, visando apurar um esquema de lavagem de dinheiro que movimentou bilhões de reais em propina. A operação leva centenas de investigados à prisão, 23 das quais (de donos ou dirigentes de empreiteiras com negócios com a Petrobrás) foram novamente decretadas no dia da Proclamação da República. Diante disso, o que os brasileiros menos manipuláveis já sentem é que o que se comemora de fato no dia da Proclamação da República por dois anos consecutivos é o retorno triunfal do estilo República das Bananas, estilo que caracterizou este regime desde sua fundação, após breve intervalo com os governos do PT e os sonhos quiméricos que estaríamos vivendo uma Nova República. O estilo República das Bananas parece retrô, pois evoca a tradição colonial e escravista, mas o que aí se revela é que a presença visceral dessa tradição na subjetividade das classes médias e elites brasileiras na verdade nunca deixou de existir. Ela voltava agora a se exibir despudoradamente, disfarçada na narrativa do seriado com a máscara de retorno à democracia. Mais uma façanha micropolítica da estratégia do golpe.

Nessa primeira parte do seriado, um dos pontos altos é o protagonismo do STF. É a primeira vez na história do País que o STF condena políticos, desde sua criação no final do século XIX. Isso faz com que nós que assistimos ao seriado nos lembremos que, estranhamente, com diferentes procedimentos, o esquema do assim chamado Mensalão vinha sendo adotado por todos os governos que antecederam os do PT e que estes jamais foram processados e muito menos punidos. E aí nos damos conta de que embora a corrupção deva de fato ser combatida, já aparecem nesse início de seu roteiro os sinais do uso político desse processo como parte da operação do golpe. Tal uso baseia-se numa aliança entre, de um lado, os poderes Legislativo, Judiciário e Policial e, de outro, o poder das grandes corporações midiáticas (responsáveis pela veiculação do seriado do golpe), bem como do capital financeirizado transnacional.

Fica claro, já nesse início do seriado, que em seu roteiro a política e o direito encontram-se plenamente integrados (o que, aliás, não é novo no Brasil). Os juízes envolvidos na operação do golpe manipulam despudoradamente as regras constitucionais existentes – ou até as mudam em velocidade "a jato", se necessário – em favor dos interesses políticos marcados por interesses econômicos. Os protagonistas dessas operações na Justiça não só compartilham plenamente esses interesses, mas têm em sua defesa um papel central. São condenados à prisão acusados sem prova concreta (como será o caso de Lula na segunda temporada do seriado), enquanto são considerados inocentes ou punidos com penas bem mais leves acusados com base em provas escandalosas. Não há possibilidade alguma de prever as sentenças segundo as regras da justiça democrática, próprias de um Estado de direito; apenas consegue-se identificar os interesses políticos que as conduzem, e mesmo assim sem saber ao certo quais serão suas estratégias para justificá-las.

Sustentados por essa aliança e ocupando a maioria no Congresso Nacional, os capangas dos circuitos globalizados do capital e das finanças dão o golpe que expulsa do governo seus líderes mais à esquerda. Usa-se micropoliticamente para demonizá-los não só as mencionadas denúncias de corrupção não comprovada (é o caso de Lula), mas também sua suposta responsabilidade pela crise econômica do País, que na verdade é apenas um sintoma local da crise mundial (é o caso de Dilma). Mas o seriado do golpe não se encerra com a condenação de vários líderes do PT e do processo micropolítico de destruição do imaginário democrático que culmina naquele momento no episódio do *impeachment* de Dilma (agosto de 2106). Uma vez concluído esse primeiro trabalho sujo e já parcialmente destruído esse imaginário, tem início sua segunda temporada. Embora outros elementos venham a ter o papel de réus ao longo do seriado do golpe, o personagem demonizado continuará paralelamente a ser protagonizado pelos líderes de tendência à esquerda – principalmente os do Partido dos Trabalhadores, tendo sempre Lula na berlinda. Sua demonização, foco privilegiado da estratégia micropolítica do golpe, atravessará todos os episódios até o final da segunda temporada do seriado, quando provavelmente se consumará a farsa da condenação de Lula e sua consequente exclusão do processo eleitoral para presidência da República.[4]

---

4 Este prognóstico foi confirmado poucos meses depois da primeira edição deste livro.

Segunda Temporada

Na segunda temporada do seriado do golpe, o foco será o indispensável desmonte da Constituição. Para prepará-lo micropoliticamente, o roteiro se concentrará em tornar bem mais aterrorizador o fantasma da crise econômica, assim como intensificar a desqualificação do imaginário progressista, já parcialmente vitoriosa na primeira temporada. O desmonte da Constituição se dará por meio de um novo conjunto de trabalhos sujos a serem realizados pelos capangas. O primeiro será o bloqueio de gastos públicos: a Proposta de Emenda à Constituição (PEC) – chamada popularmente de "PEC do fim do mundo", para dar-lhe um nome que indique seu alto teor de destrutividade –, promulgada em dezembro de 2016, congela os gastos públicos por vinte anos sob o argumento da crise econômica. Tal bloqueio incide nos subsídios para o desenvolvimento e nas verbas destinadas aos programas sociais, sobretudo à educação e à saúde. Além de desmontar leis promulgadas durante os governos petistas que ampliaram o acesso à educação e à saúde de qualidade para a maioria da população, o golpe desmontará igualmente a universidade pública, por meio de cortes de verbas de educação e pesquisa. O segundo trabalho sujo consistirá na indecente reforma laboral que, no Brasil, não se limitará à precarização do trabalho, mas chegará ao cúmulo de legalizar condições aviltantes até então consideradas pela Constituição como definidoras do trabalho escravo e passíveis de punição. Que se diga de passagem: a decisão de legalizá-lo confirma que tais condições persistem até hoje, e não só nas zonas rurais; basta mencionar o tratamento dado aos imigrantes ilegais na indústria da moda. A reforma laboral incidirá inclusive na educação ao atingir as universidades privadas (vale lembrar que imediatamente após a promulgação da mudança de tais leis, várias dessas universidades demitiram em massa seus professores, os substituindo por outros com salários miseráveis e sem direitos trabalhistas). O terceiro trabalho sujo consistirá nas indecentes reformas do seguro social e da previdência, e o quarto, na privatização dos bens e empresas estatais mais rentáveis, ou que serão tornadas rentáveis por meio de arranjos espúrios, de modo a ampliar a lista das privatizáveis *top*. Em muitos casos, prepara-se a adesão pública a essas privatizações fazendo colapsar tais empresas estatais, enquanto o *script* ficcional do seriado atribui a causa da crise à má gestão por ineficiência e corrupção de seus executivos e, portanto, dos governantes que lhes atribuíram essa função. E quando os tais capatazes não conseguirem a maioria do Congresso para votar alguma emenda ou lei necessária a tal desmonte, condição para que o poder executivo possa efetivá-lo, entrarão rapidamente em cena as agências que detêm as maiores bases mundiais de indicadores financeiros, as quais lideram a avaliação do mercado global de capitais e, portanto, a classificação de risco para os investimentos (como Standard & Poor's e Moody's Corporation). Sua operação consiste em rebaixar as notas da economia brasileira ou ameaçar fazê-lo, o que oferece poderosa munição para que as mudanças de políticas públicas que ainda sofrem alguma resistência no próprio Congresso sejam enfim votadas, sob ameaça de falência do País (é o que está em curso no Brasil em relação à previdência e que já ocorreu na Europa, com Portugal, Grécia, Irlanda e Espanha, que receberam o eloquente acrônimo: PIGS). E assim estarão destruídos os primeiros elementos de *res publica* ou de democracia social do Estado que, com acertos e erros, começavam a ser introduzidos pelos governos progressistas que se instalaram no País alguns anos após o fim das ditaduras. Estes tinham em sua pauta a formação de um Estado de direito o qual, no Brasil, assim como na maioria dos países do continente sul-americano, nunca chegou de fato a existir. Esta é a razão pela qual são os protagonistas desses governos, principalmente os do PT, os alvos da nova modalidade de golpe, cujo intuito é chegar ao final do seriado com a plena instalação de um Estado neoliberal no País, estritamente focado naquilo que interessa ao capitalismo transnacional e seus parceiros das elites locais: facilitar ao máximo a circulação de seus investimentos de modo a criar condições ideais para a multiplicação do capital investido e o mais velozmente possível.

Enquanto se desenrolam essas novas operações, os próprios capangas do capitalismo globalitário serão os próximos alvos das denúncias de corrupção, preparando-se assim o terreno para sua ejeção tão logo sua tarefa esteja concluída. Na última temporada do seriado do golpe, o novo regime jogará esses conservadores no lixo da história, sem o menor constrangimento. Esta é uma primeira diferença em relação aos golpes de Estado que se utilizavam do exército: embora estes tenham sido igualmente executados pelos conservadores (no caso, militares) e sob o comando dos poderes hegemônicos do capitalismo em sua dobra anterior (poder, na época, principalmente em mãos dos Estados Unidos), naquele contexto o regime precisava de um Estado totalitário e, para isso, tinha que manter os conservadores no poder após o golpe e por um longo período.

Paralelamente, ainda nessa segunda temporada, enquanto se introduzem na narrativa oficial as denúncias de corrupção contra os políticos capangas, o mesmo se faz com parte do empresariado nacional, incluindo os altos executivos das grandes empresas. Poupa-se nessa operação os bancos que, neste mesmo momento, têm inclusive perdoada parcela significativa de suas dívidas com o governo. Visa-se sobretudo às grandes empreiteiras que, organizadas em cartéis, monopolizam grande parte da construção de obras públicas, não só no Brasil, mas também em países aliados dos recém depostos governos progressistas, sobretudo nos continentes latino-americano e africano, que constituem mercados promissores. Mas por que transformar esses personagens em vilões, se a tomada das empresas pelo setor financeiro, especialmente as construtoras, já se encontra plenamente instalada nos primeiros anos da década de 2000, após o governo de Fernando Henrique Cardoso (1995 a 2002), com a criação de companhias de investimentos que lhes trazem a injeção de capital financeiro transnacional?[5] E ainda mais, sabendo-se que isso implicou o aumento de poder e controle de suas subsidiárias de crédito, que submetiam as estratégias das construtoras à lógica de seu braço financeiro?[6]

O seriado nos mostra que a aliança com tais empresários apenas interessa ao capitalismo globalitário enquanto precise de sua cumplicidade não só para a destruição do imaginário de esquerda – e da defesa das leis democráticas que este

---

5 Um exemplo disso é a GP Investments, que em 2006 tornou-se a primeira companhia de *private equity* listada em bolsa da América Latina. "Fundada em 1993 por Jorge Lemann e seus sócios no Banco Garantia (banco de investimentos vendido em 1998 ao Credit Suisse), a GP mobilizou investidores em todo o mundo para gerenciar o capital e/ou controlar cinquenta companhias latino-americanas, principalmente brasileiras, dos setores imobiliário, de infraestrutura e de varejo, e também de logística e telecomunicações. Atualmente, o fundo tem sede nos Estados Unidos, nas Bermudas, na Suíça e em São Paulo." Raquel Rolnik, op. cit., p. 291.

6 Inclusive "em muitos casos, os CEOs dos fundos também assumiram posições de comando na empresa, integrando seus conselhos de administração e cargos gerenciais". Id., p. 292.

sustenta –, mas também para respaldar e reforçar a ideia de que estamos diante de um eminente apocalipse econômico. Com esse apoio, criam-se condições favoráveis para as privatizações e o extermínio de tais leis, principalmente as que concernem ao trabalho. O objetivo de apressar-se a introduzir empresários brasileiros e altos executivos como novos personagens vilões do seriado é preparar o terreno para ampliar o poder do capitalismo transnacional no comando do mercado, não só nas empresas privadas em que ele já está próximo de seu controle, mas sobretudo nas empresas estatais assim que o direito às privatizações estiver instituído.

Com essa dupla ejeção – de políticos e empresários – e já tendo se instaurado no País uma grave crise institucional e econômica, acentuada pela paralisia das obras públicas resultante das prisões das figuras chaves do empresariado nacional que ainda tinham a maioria de suas ações, o terreno estará totalmente pronto para o controle total dos investimentos sem entraves pelo capital transnacional. Nessa segunda temporada do seriado, entre os dispositivos do golpe são particularmente importantes as cenas do ringue entre distintas máfias de políticos sórdidos, assim como entre eles e as máfias do elegante empresariado. "Premiados" por suas delações, eles se destroem mutuamente diante da sociedade que, noite após noite, assiste perplexa ao espetáculo grotesco da derrocada de ambos nas telas da TV. A esse espetáculo se tem acesso igualmente pelas redes sociais, que se pode consultar a qualquer hora, assim como pelos jornais, que parte das classes médias e altas leem ao despertar. Com essa ampla e ininterrupta divulgação do seriado, a atenção de toda a sociedade passa a concentrar-se nas espantosas imagens e mensagens, escritas ou faladas, de negociações de falcatruas econômicas e políticas, clandestinamente captadas em telefonemas, e-mails e gravações, bem como em documentos entregues pelos delatores ou encontrados pela polícia nas devassas de seus escritórios e residências. É um verdadeiro show de psicopatia que chega a ser divertido, pois nos lembra os mais hilários filmes B e seus canastrões. A triste diferença é que, nesse caso, a narrativa ficcional se baseia em dados da realidade. Se estes, por si só, provocariam uma total indignação, ao serem devidamente editados no roteiro do seriado, cuja função é preparar o terreno para o golpe, eles têm o poder de gerar graves efeitos micropolíticos nas subjetividades: a propagação da insegurança e do medo de colapso.

Há realmente algo de novo no uso de narrativas ficcionais pelo poder?

É verdade que não constitui novidade o uso pelo capitalismo da manipulação pelo discurso, seja ele verbal ou imagético, por meio da construção de narrativas que demonizam o inimigo da hora, como estratégia micropolítica de poder para viabilizar e justificar seus projetos macropolíticos. Tal estratégia foi amplamente usada por esse regime desde sua fundação; basta citar a catequese, uma versão de narrativa ficcional, no modo Palavra-de-Deus, único e universal, veiculada pela Igreja Católica, a Globo da época, e expressa pelos jesuítas, seus âncoras. A estratégia aprimorou-se especialmente com o advento dos meios de informação e comunicação de massa, no final do século XIX, que acompanhou a segunda revolução industrial. Nesse contexto, além de ter sido um dispositivo central das operações de produção de subjetividade no século XX, foi amplamente usada pelo poder nos regimes totalitários, assim como na preparação dos golpes de

Estado dos anos 1960 e 70. Porém o modo como atualiza-se esse dispositivo de poder é distinto: aqui reside uma segunda diferença entre os dispositivos de poder das duas versões do regime, a industrial e a financeirizada.

O avanço exponencial das tecnologias de informação e comunicação à distância, a partir do final dos anos 1970, não só tornou seu uso micro e macropolítico mais sutil e poderoso, mas foi em parte responsável pela conquista do poder globalitário pelo capitalismo em sua nova dobra. As narrativas de propaganda realizadas pelo capitalismo industrial (igualmente arquitetadas e financiadas por uma aliança entre empresários e políticos) eram toscas, transmitidas pelo rádio e pela televisão (cujo uso aumentou depois da Segunda Guerra Mundial), e exibidas nas salas de cinema antes dos filmes. Já as novas tecnologias de comunicação permitiram um aprimoramento significativo desse dispositivo do poder: a sofisticação das linguagens e das técnicas de manipulação e publicidade (produzindo uma profunda mudança da televisão), a multiplicação das mídias e o alcance mundial da disseminação das mensagens em tempo real.[7] Se divulgar falsas informações tampouco é novidade e faz parte da composição das narrativas ficcionais impostas às subjetividades, no capitalismo financeirizado tal dispositivo se aprimora exponencialmente no século XXI. Viabilizadas pelo desenvolvimento tecnológico de robôs que passam a agir na Internet, as chamadas *fake-news* não só viralizam, mas simulam sua legitimidade com infinitos *likes* instantaneamente produzidos por tais robôs, o que as faz parecer massivamente aceitas, intensificando e propagando sua ilusória credibilidade.

7 Hoje o Brasil é um dos países com maior número de usuários das redes digitais. São dezenas de milhões.

Tampouco são os mesmos os focos privilegiados para produzir temor e insegurança e mobilizar a fúria conservadora nos dois contextos. Nos anos 1950 e 60 do capitalismo industrial, o foco era o fantasma do comunismo propagado pela Guerra Fria: uma ameaça que encontrava respaldo na recente divulgação dos horrores totalitários do stalinismo, a qual trazia de volta à memória das massas os traumas provocados pelo nazismo e o fascismo, cujos efeitos ainda infectavam as subjetividades. Projetava-se esse fantasma nos governos com tendências democratizantes (foi o caso de Jango, no Brasil), projeção cujos efeitos nas massas prepararam o terreno para os golpes de Estado nos anos 1960 e 70. Entretanto, nos anos 1990, as experiências de governos com tendência à esquerda após o fim das ditaduras mobilizaram ampla identificação nas camadas mais desfavorecidas da sociedade – sua grande maioria –, não sendo mais possível associá-los ao comunismo como um fantasma ameaçador, e menos ainda à sua versão totalitária, ao que se acrescenta o fim da URSS e a queda do muro de Berlim.[8] É essa identificação que a dobra financeirizada do capitalismo necessitará então destruir. Para lográ-lo, elege-se a corrupção como foco para a demonização das esquerdas na narrativa a ser construída e midiatizada. Se a acusação de corrupção e seu apelo populista já foram e continuam sendo amplamente usados pelo poder para eliminar

---

8 Em alguns países da América Latina, ainda funciona usar o fantasma do comunismo para enfeitiçar as massas. É o que se observou nas recentes eleições presidenciais no Paraguai e na Colômbia (embora na Colômbia o fantasma não tenha conseguido fazer eleger no primeiro turno Ivan Duque, candidato apadrinhado por Álvaro Uribe, ex-presidente de extrema-direita, que governou de 2002 a 2010). Na Bolívia é também ainda com esse fantasma que se tenta desqualificar Evo Morales. No Brasil, o fantasma do comunismo voltou a ser amplamente usado na campanha eleitoral de Jair Bolsonaro para a presidência do País.

seus inimigos, usá-la contra líderes de esquerda tem um adicional de eficácia: a destruição de sua imagem de honestidade e de uma sincera cumplicidade com a agenda social, que estão entre as principais virtudes que lhes são atribuídas no imaginário dos que com eles se identificam e que os diferenciava dos demais políticos, que no País são tradicionalmente associados à corrupção. Na narrativa, o uso populista da caça aos corruptos voltada contra as esquerdas inverte os sinais, atribuindo aos caçadores a imagem de arautos da justiça e da democracia. No caso específico de Lula, associá-lo à corrupção visa destruir igualmente a imagem de que sua origem de classe garantiria sua cumplicidade com as causas sociais. A ideia de que são todos "farinha do mesmo saco" faz com que a decepção se acrescente à insegurança e ao medo, gerando uma espécie de apatia por exaustão.

Mas o uso pelo regime colonial-capitalístico de estratégias micropolíticas para sustentar suas estratégias macropolíticas não se reduz à propaganda. Este é apenas um dos dispositivos de seu *modus operandi* micropolítico, o qual é muito mais amplo e complexo e, com desdobramentos e variações, é por ele praticado desde sua fundação, no século XV. E tem mais: este é um dos elementos fundamentais de sua modalidade de poder.

Princípio micropolítico do poder colonial-capitalístico: o abuso da vida

A estratégia micropolítica do poder colonial-capitalístico consiste em investir na produção de uma certa política de subjetivação, medula do regime nessa esfera. Tal política tem como elemento fundamental o abuso da vida enquanto força de criação e transmutação, força na qual reside seu destino ético e a condição para sua continuidade. Isso inclui a potência vital em todas as suas manifestações e não só nos humanos – sendo que nos humanos o abuso não se restringe à manifestação desta potência como força de trabalho, como se pensava no marxismo. O intuito do abuso é destituir a subjetividade de seu poder de conduzir sua potência vital e da liberdade de escolha de seus destinos. Isso se faz por meio da obstrução do acesso a tal potência e do indispensável conhecimento de suas dinâmicas, que se deveria desenvolver ao longo da vida para melhor protegê-la na direção de seu destino ético. É a destituição desse seu poder que torna a subjetividade dócil e submissa aos modos de existência necessários ao regime e à sua exploração.

No entanto, na nova dobra do regime, a intervenção nessa esfera se refina e se intensifica. O abuso da força vital vai mais fundo: seu intuito não é mais simplesmente o de torná-la dócil e submissa, como o era no capitalismo em suas primeira e segunda revoluções industriais. Ao contrário, o intuito agora é estimular essa potência para acelerar e intensificar sua produtividade, mas desviando-a de seu destino ético, para extrair de sua natureza de força de "criação" de novos modos de existência em resposta às demandas da vida apenas sua "capacidade criativa". Assim dissociada da vida, tal potência é investida na composição de novos cenários para a acumulação de capital (econômico, político, cultural e narcísico). No lugar da criação do novo, o que se produz (criativamente e cada vez mais contínua e velozmente) são "novidades", as quais multiplicam as oportunidades para os investimentos de capital e excitam a vontade de consumo. Embora tal vontade venha sendo mobilizada desde a dobra anterior do regime, ela encontra agora a seu dispor uma contínua explosão de novos produtos, cujas imagens – que lhe chegam como bombas por todos os lados, lançadas pelos meios de comunicação e informação – a alimentam sem cessar, transformando-a numa verdadeira voracidade compulsiva. Ou seja, a potência vital em sua própria essência passa a ser usada para a reprodução do *status quo*; apenas muda-se, criativamente, suas peças de lugar, fazendo variações sobre o mesmo. Se o novo tipo de golpe de Estado não faz uso da força militar, não é apenas porque governos rígidos, totalitários ou nacionalistas não lhe convêm. Além dessas razões macropolíticas, há razões micropolíticas que funcionam segundo a mesma perspectiva: tampouco lhe convém a subjetividade rígida identitária própria de regimes autoritários que convinha ao capitalismo industrial. O regime capitalista anterior precisava de corpos dóceis que se mantivessem sedentários, cada um fixo em seu lugar, disciplinarmente organizados (como os operários na fábrica). Diferentemente disso, o capitalismo financeirizado necessita de subjetividades flexíveis e "criativas" que se amoldem, tanto na produção quanto no consumo, aos novos cenários que o mercado não para de introduzir. Em outras palavras, em sua nova dobra o regime necessita produzir subjetividades que tenham suficiente maleabilidade para circular por vários lugares e funções, acompanhando a velocidade dos deslocamentos contínuos e infinitesimais de capital e informação.

Esta é mais uma das razões pelas quais não interessa à nova versão do capitalismo o uso da força militar em seus golpes de Estado; é com a força do desejo – e, portanto, micropoliticamente – que os realiza. Isto se faz por meio da corrupção do desejo, enquanto seus capatazes fazem o serviço bruto na esfera macropolítica. É por essa mesma razão, micropolítica, que tampouco interessa ao capitalismo financeirizado manter conservadores no poder após os golpes de Estado, e muito menos regimes ditatoriais e nacionalistas.

No entanto, um fenômeno que não estava previsto é que a própria flexibilidade subjetiva que se desenvolveu nos anos 1980 e 90, no rastro da instalação globalitária do capitalismo financeirizado, acabou gerando movimentos coletivos de desvios do poder do inconsciente colonial-cafetinístico, a partir do final dos anos 1990. Diante disso, uma outra operação começou a ser praticada pelo regime na esfera micropolítica. Para descrevê-la, nada melhor do que voltarmos ao seriado do golpe.

O surto conservador

Mais para o final da segunda temporada, às operações de manipulação das subjetividades já em curso se acrescentará um outro dispositivo micropolítico de poder, que incidirá mais direta e veementemente nessa esfera e em seu uso instrumental para a esfera macropolítica. Para o cumprimento de tal tarefa, serão mais do que perfeitos os grosseiros capangas do neoliberalismo, com sua mentalidade infame e sua ânsia de massacrar todos aqueles que não são seu espelho. É quando irrompe mais violentamente o surto conservador.

Apela-se fanaticamente à moral igrejista, familista e identitária, que, embora presente desde o início no roteiro do seriado, beira agora o delírio. Toma-se como alvo a cultura em seu sentido amplo: das práticas artísticas, educacionais, terapêuticas e religiosas (não cristãs) aos modos de existência que não se encaixam nas categorias machistas, heteronormativas, homofóbicas, transfóbicas, racistas, classistas e xenofóbicas. Estes últimos são o que se estabeleceu chamar de "minorias", não no sentido quantitativo, já que desse ponto de vista eles constituem a esmagadora maioria, mas no sentido de sua classificação como qualitativamente menores do ponto de vista do modo de existência hegemônico que se considera superior.[9] Com ampla divulgação pela mídia, certos tipos de práticas passam a ser associados ao demônio, como eram nos séculos da Inquisição as práticas de mulheres que foram pejorativamente chamadas de "bruxas", qualificação que autorizava sua prisão, tortura e morte. (Isto, aliás, continuou acontecendo após a Inquisição – são mais de um milhão de mulheres assassinadas como bruxas desde então).[10] Tal dispositivo de manipulação das subjetividades preparará o terreno para efetuar mudanças nas leis vigentes nesses campos. Fiquemos em três exemplos, todos ocorridos no mesmo período, de meados ao final do segundo semestre de 2017.

9 Félix Guattari propõe entender "minoria" no sentido de singular, em contraponto ao que pode ser qualificado de "maioria" no sentido de homogêneo, próprio aos modos de existência hegemônicos, sob a micropolítica dominante do regime capitalista. (ver *Micropolítica: Cartografias do desejo*, já citado aqui). Deleuze retoma esta noção e assim a define: "A maioria não designa uma quantidade maior, mas atende, antes de tudo, o padrão em relação ao qual as outras quantidades, sejam elas quais forem, serão consideradas menores. Por exemplo: as mulheres e as crianças, os negros e os indígenas etc. serão minoritários em relação ao padrão constituído pelo Homem-branco-cristão-macho-adulto-morador das cidades-americano ou europeu contemporâneo (Ulisses). Mas, nesse ponto, tudo se inverte. Pois, se a maioria remete a um modelo de poder – histórico, estrutural ou os dois ao mesmo tempo -, é preciso também dizer que todo mundo é minoritário, potencialmente minoritário, na medida em que se desvia do modelo. (...) Minoria designa a potência de um devir, enquanto maioria designa o poder ou a impotência de um estado, de uma situação." Esse texto de Deleuze foi publicado no Brasil como parte do livro *Sobre o teatro: um manifesto de menos* (São Paulo: Ed. 34, 2010, pp. 59 e 63-64).

10 Tal demonização continua se reproduzindo ainda hoje: basta lembrar que é à figura da bruxa que se associou Judith Butler para atacá-la em sua mais recente visita ao Brasil, em novembro de 2017, para o simpósio *Os fins da democracia*, do qual a filósofa foi uma das organizadoras. Chegou-se a queimar publicamente um boneco que a reproduzia em frente ao SESC Pompeia, uma das instituições culturais mais respeitadas do País, onde se realizava o simpósio.

O primeiro é a arte: certas práticas artísticas – as que trazem à tona questões de gênero, de sexualidade e de religião – passam a ser desqualificadas, perseguidas e criminalizadas. Nessa operação, mata-se dois coelhos numa cajadada só: demoniza-se as práticas ligadas a essas questões que não se enquadram em suas formas dominantes e, com isso, demoniza-se igualmente a dignidade ética da arte em seu exercício ativo da pulsão criadora, neutralizando assim sua potência micropolítica. Tal potência consiste em tornar sensíveis as demandas da vida ao ver-se sufocada nas formas vigentes de existência individual e coletiva, quando estas perderam seu sentido pelos efeitos que os encontros com a alteridade mutante do entorno produziram nos corpos. Materializadas em obras, essas demandas vitais teriam o poder de polinização dos públicos que a elas têm acesso, o que tenderia a mobilizar a força coletiva de transfiguração das formas da realidade e de transvaloração de seus valores. Atacar a arte é, pois, atacar a possiblidade de irrupção social de tal força, dificultando ainda mais sua reapropriação pelas subjetividades.

O segundo exemplo são os movimentos que performatizam mutações das subjetividades, especialmente nos âmbitos da sexualidade e das relações de gênero (movimentos feministas, LGBTQI etc.). A operação nesse caso consiste em mobilizar a volta aos valores da heterossexualidade monogâmica da família nuclear patriarcal como forma absoluta de laço social e de erotismo (se é que faz sentido manter esta palavra neste caso). O objetivo é interromper a propagação do processo pulsional de criação de novos modos de existir nesses terrenos. Um processo que se desencadearia pela urgência da vida de recuperar sua potência em tais terrenos, em cujas formas dominantes encontra-se debilitada.

O terceiro exemplo diz respeito aos indígenas – nome que

se estabeleceu para designar os povos originários – e aos afrodescendentes, que, em diferentes proporções em função dos circuitos do tráfico de escravos africanos, formam a maioria nas sociedades das ex-colônias. É fato que, nessas sociedades, o comportamento dominante em relação a essas camadas sempre consistiu na humilhação e estigmatização de sua própria existência – o que inclui suas tradições culturais e, principalmente, a perspectiva que as conduz, segundo a qual tais tradições atualizam-se em novas formas de existência, para recuperar um equilíbrio cada vez que se desestabilizam em função do surgimento de novas ecologias sociais, animais, vegetais e cósmicas. A diferença é que, agora, sua abjeta desqualificação exibe-se publicamente com orgulho, sem o menor pudor. No Brasil, isso se manifesta do lado dos afrodescendentes na destruição em série de terreiros de Candomblé: a associação ao demônio dessa prática religiosa de origem afro legitima os agentes de seu massacre, geralmente fundamentalistas evangélicos, os quais divulgam tal destruição ampla e abertamente, exibindo-se ostensivamente nas redes de comunicação e informação.[11] Do lado dos indígenas, o alvo são suas terras, que desde sempre lhes pertenceram e às quais estão indissociável e visceralmente vinculadas suas tradições culturais (além do fato óbvio de lhes proporcionarem o sustento, cujo modo de produção é inseparável de tais tradições). Se a tomada de suas terras nunca parou de existir desde o início da colonização, a operação atual consiste na abolição das leis que haviam demarcado terras a eles destinadas, seja das que lhes pertencem desde sempre, ou daquelas

---

11 No Brasil, um jovem negro é assassinado a cada 23 minutos, segundo relatório do Mapa da Violência, da Faculdade Latino-Americana de Ciências Sociais (FLACSO), veiculado em campanha da ONU que visa mostrar a relação entre violência e racismo no País.

para onde foram levados após as demarcações – leis cuja promulgação pela Constituição Cidadã, de 1988, havia sido fruto de uma árdua luta nas décadas prévias. Agora é com o apoio da lei que os empresários rurais expulsam os indígenas de suas terras. Na maioria dos casos, como sempre, mata-se primeiro seus líderes, preparando assim o momento da expulsão da comunidade inteira, momento em que, se necessário, apela-se para o genocídio.

Se no terceiro exemplo, o das tradições culturais africanas e indígenas, o objetivo dessas operações que compõem o golpe é mais obviamente macropolítico (a expropriação dos terreiros de Candomblé e das terras indígenas, assim como o ataque aos movimentos negros e indígenas que vinham se fortalecendo),[12] basta colocá-lo lado a lado com os outros dois exemplos de operações, simultaneamente em curso, para nos darmos conta de que há igualmente nesse dispositivo um

---

12 A resistência dos negros no Brasil se dá, de diferentes modos e em distintos momentos, ao longo dos séculos de escravidão no País. No âmbito do Estado republicano, o chamado movimento negro já vinha tendo conquistas fundamentais nas últimas décadas, desde o governo FHC, que, em seu primeiro ano de gestão, criou um grupo de trabalho interministerial com o objetivo de sugerir ações e políticas de valorização da população negra que redundou na criação da Secretaria de Políticas de Promoção da Igualdade Racial (Seppir). Tais conquistas se aprofundaram nos governos Lula, por exemplo com a aprovação da Lei das cotas, em 2012 (a qual não abrange somente negros, mas também pardos, membros de comunidades quilombolas, indígenas, estudantes de baixa renda e outros). No período recente em que se dão ataques mais ferozes ao movimento negro (2017), este vinha se expandindo e se fortalecendo, passando a atuar mais contundentemente na esfera micropolítica: uma incessante intervenção nas relações racializadas que tem por efeito explicitar a presença arraigada do racismo nos mais variados setores da sociedade brasileira. Vale assinalar que a naturalização do racismo que a escravidão inscreveu na subjetividade dos brasileiros atravessa intacta a história do País. Para maiores esclarecimentos sobre o histórico do movimento negro no Brasil e o de outras assim chamadas "minorias", ver nota 2 do primeiro ensaio: "O inconsciente colonial-capitalístico".

objetivo mais sutil, micropolítico, indispensável para a preparação da mudança de leis nos campos da educação, da saúde, do direito à posse de terras e da preservação ambiental.

No campo da saúde, neste mesmo momento, deputados federais desenterram um projeto de lei que visa incluir a homossexualidade entre as doenças e que, portanto, tem que ser tratada. Com o hilário lema da "cura gay", pretende-se legalizar terapias (psicológicas ou religiosas) cuja função é transformar a orientação sexual de todos aqueles cujas práticas escapem das categorias dominantes de gênero e sexualidade, de modo a submetê-las a uma suposta "normalização". Lembrando que, já na década de 1990, a Organização Mundial da Saúde (OMS) descartou qualquer projeto que associasse a orientação sexual à doença, e que, no Brasil, o Conselho Federal de Psicologia proibiu essa associação em 1999, e o Conselho Federal de Medicina, há mais de trinta anos. É no mínimo surpreendente, para não dizer estarrecedor, que a questão tenha voltado à baila no Brasil em pleno ano de 2017, provocando uma acalorada polêmica. Mas é menos surpreendente o retorno desse fantasma se o situarmos no universo de operações micropolíticas do roteiro do golpe: dessa perspectiva, o fato de que tal projeto de lei tenha sido descartado não impede seu impacto como dispositivo micropolítico de poder que incide na produção de subjetividade. As insubordinações micropolíticas no campo da sexualidade e das formas de relação erótico-afetiva passaram a integrar a figura do bode expiatório para as subjetividades mais gravemente dominadas pelo regime de inconsciente colonial-capitalístico, para nele projetarem seu mal-estar. Com isso as homofobias, as transfobias e os machismos, que sempre existiram na sociedade brasileira, passaram a manifestar-se com violência redobrada, explícita e despudoradamente.

No campo da educação, durante as discussões no Congresso em torno da nova Base Nacional Comum Curricular (BNCC), demoniza-se nos currículos escolares qualquer abordagem de temas ligados à política (o famoso lema: "Escola sem partido"), à identidade de gênero, à orientação sexual e às culturas africanas e indígenas. Aprovada em dezembro de 2017, na nova BNCC foram eliminados trechos que afirmavam a necessidade de um ensino sem preconceitos. Mais especificamente, foram excluídos mais de dez trechos que mencionavam as questões de gênero e sexualidade e eliminados da bibliografia textos que abordassem a mitologia dos orixás, com o argumento de que seu conteúdo seria demoníaco. Tais cortes do currículo escolar têm seu lastro nas operações micropolíticas mencionadas nos dois exemplos anteriores (LGBTQI, afrodescendentes e indígenas), e participam da construção da mesma narrativa do seriado, que agora tem nessas camadas da sociedade um novo personagem para seu núcleo de vilões.

A mesma dimensão micropolítica das operações do poder nesse campo está presente nos cortes de verbas de educação e pesquisa nas universidades públicas, acima mencionados. Se é fato que, historicamente, o acesso às universidades públicas no Brasil sempre foi privilégio das classes mais abastadas – o que só começou a mudar nos governos petistas –, o desmonte da própria universidade elitista denota que o golpe na educação não incide apenas na esfera da grande maioria à educação. Seu objetivo micropolítico é enfraquecer o acesso à informação e à formação intelectual na sociedade brasileira como um todo, o que tem por efeito debilitar a potência do pensamento, essencial para decifrar as asfixias da vida em suas formas presentes e combatê-las, criando novos cenários. Fazem igualmente parte da dimensão micropolítica do golpe na educação os efeitos da nova lei trabalhista nas universidades privadas.

Se é óbvia a meta macropolítica da demissão em massa dos professores assim que a lei foi promulgada – aumentar exponencialmente o lucro das empresas de educação, através de duas operações interligadas: pagar menos aos professores com contratos precarizados que substituíram os demitidos e, com isso, baixar o valor das mensalidades pagas pelos alunos, aumentando assim sua clientela –, sua meta é também micropolítica. Durante os governos petistas, com a melhora de qualidade de vida das camadas sociais mais desfavorecidas, estas passaram a frequentar universidades privadas – o que está certamente entre os fatores que levaram à impressionante expansão e aprimoramento de suas ações de combate micro e macropolítico. O objetivo micropolítico da demissão em massa dos professores não foi apenas o de baixar ainda mais a qualidade de educação que lhes era oferecida por essas universidades, a coisa é mais perversa: algumas dessas universidades usaram a diminuição do custo do estudo como foco de suas campanhas publicitárias, amplamente veiculadas quase concomitantemente à tal demissão. De cunho incontestavelmente populista, a narrativa de tais campanhas tem por efeito levar essa camada da sociedade a acreditar que o acesso à educação teria sido ampliado. O mesmo discurso populista foi utilizado pelo governo federal para legitimar sua Base Nacional Comum Curricular em farta campanha publicitária, veiculada várias vezes ao dia, durante meses, por todos os meios de comunicação. Na Globo, especialmente, tal campanha foi sistematicamente veiculada nos horários de pico de audiência, como o da novela das nove da noite.

No campo do direito à terra, que inclui as leis ambientais e as que concernem aos indígenas, no mesmo ano de 2017, o presidente Temer promulgou um decreto extinguindo a Reserva Nacional do Cobre e Associados (Renca). Trata-se de uma área localizada entre o Pará e o Amapá que abrange 4,2 milhões de hectares, criada em 1984, no final da ditadura militar, para evitar que os minérios fossem explorados por empresas estrangeiras.[13] Nessa reserva vivem algumas comunidades indígenas, além do fato de que o Renca se localiza no "Escudo das Guianas", área que envolve parte da Amazônia do Brasil, da Venezuela e das Guianas. Nesse escudo se encontra a maior extensão de áreas protegidas do mundo, com menos de 1% de desmatamento, além de aí viverem espécies que não existem em outros lugares do mundo. Do ponto de vista macropolítico, tal decreto, que visava liberar a região para investimento de capitais privados nacionais e estrangeiros, especialmente para empresas de mineração, foi um fracasso.[14] Temer foi levado a recuar de seu decreto pela pressão de sua enorme repercussão negativa nacional e internacionalmente (não só por parte dos ambientalistas); tentou ainda editar um novo decreto com texto similar, mas este foi questionado pela Justiça e enfim suspenso. Apesar do fracasso da operação na esfera macropolítica, fica nítido aqui que a operação micropolítica da desqualificação das culturas indígenas que viviam nessas regiões visava, entre outros objetivos, contribuir para seu sucesso. Mais amplamente, em tal decreto fica nítido o paradigma micropolítico do regime colonial-capitalístico: o abuso da vida – não só da vida humana, ou da vida de uma região, mas do ecossistema do planeta como um todo.

13 A criação da Renca previa que somente a Companhia de Pesquisa de Recursos Minerais (CPRM), uma empresa pública pertencente ao Ministério de Minas e Energia, podia fazer pesquisa geológica para avaliar as ocorrências de minérios na área.

14 Decretos não passam pelo Congresso para serem promulgados, nem permitem discussões por parte da sociedade. Neste aspecto, são distintos das leis.

O conservadorismo é imprescindível para o poder globalitário do capitalismo neoliberal

Agora, podemos esmiuçar mais precisamente a operação micropolítica da nova modalidade de golpe própria do capitalismo financeirizado globalitário e a razão pela qual, para realizá-la, lhe é necessário insuflar o conservadorismo como um dispositivo essencial de poder. Na primeira temporada do seriado do golpe, a fragilidade das subjetividades, decorrente da já antiga expropriação de sua força de criação pelo abuso, é aguçada pela insegurança que lhes provoca a demonização das esquerdas no governo e o fantasma da crise. Na segunda temporada a insegurança se intensifica com a demonização das classes política e empresarial como um todo e o tom mais veementemente apocalíptico em torno da crise econômica, à qual se acrescenta a crise institucional que vem desagregando o Estado a olhos vistos. Isso faz com que as subjetividades tendam a agarrar-se a qualquer promessa de estabilidade e segurança e passem, por isso, a projetar seu mal-estar nas figuras de bode expiatório que desempenham os papéis de vilão no roteiro do golpe, das quais os mocinhos irão salvá-las. Porém, nos episódios finais da segunda temporada, um passo a mais é dado na estratégia micropolítica. Até então o papel de vilão era desempenhado pelos políticos acusados de corrupção para que as subjetividades pudessem projetar seu mal-estar no Estado, assim como pelo empresariado, sobre o qual podiam projetar seu ódio de classe. Agora, a estigmatização de modos de existência destoantes dos dominantes, e que já não podem ser simplesmente encaixados nas categorias de classe, permite que se projete o mal-estar também sobre eles. Em outras palavras, o mal-estar deixa de ser projetado apenas nas classes política e empresarial, para ser projetado em qualquer segmento da sociedade.

É a própria alteridade que passa então a ser demonizada, o que leva a reforçar mais gravemente a já existente blindagem das subjetividades em relação à sua experiência vital. É que sendo esta composta pelos efeitos do outro no corpo, tais efeitos, agora demonizados, tornam-se perigosíssimos no imaginário e devem ser denegados a qualquer custo, para que não se corra o risco de absorvê-los. Isso tem o poder de desmobilizar ainda mais a potência de transfiguração da realidade coletiva, da qual a experiência de habitar a trama relacional tecida entre distintos modos de existência seria portadora, se as rédeas do destino da pulsão estivessem em nossas mãos. As condições estão dadas para que o desejo se entregue mais plena e gozosamente ao abuso colonial-capitalístico da pulsão vital.

Em suma, nos episódios finais da segunda temporada do seriado do golpe, enquanto intensifica-se a operação macropolítica de desmonte da Constituição e da economia nacional, intensifica-se igualmente a operação micropolítica de produção de subjetividades entregues à cafetinagem do desejo. Com essa dupla operação indissociável, prepara-se a sociedade para a provável terceira e última temporada: o comando total do poder político e econômico pelo capitalismo globalitário, que embora já estivesse instalado no País há várias décadas, contava ainda com alguns obstáculos inconvenientes. A sociedade estará enfim pronta para recebê-lo de braços abertos como o salvador "civilizado" que tirará o País de sua crise institucional e subjetiva, saneará a economia de sua falência e reestabelecerá a dignidade da vida pública, devolvendo ao País seu prestígio perdido e a serenidade a seus cidadãos. Fim do seriado. Golpe concluído.

A máscara da legalidade democrática

Para chegar a este programado *gran finale* do seriado, é preciso eliminar todo e qualquer tipo de estorvo que interrompa ou diminua a velocidade da circulação de capitais, de informação e de subjetividades por vários lugares e funções. Os obstáculos podem ser encontrados em qualquer rota do capital, e são de ordens variadas e variáveis – pessoas, grupos, etnias, instituições, serviços, postos de trabalho, fronteiras, países, leis, imaginários, hábitos, modos de existência, tipos de sexualidade, práticas artísticas etc. Sendo assim, seus estorvos não se encaixam em figuras fixas organizadas em pares binários por oposição, o que torna obsoleta a figura do "inimigo", tal como esta se configura na tradição ocidental. A criação de uma nova figura do inimigo é parte das estratégias da nova modalidade de poder do regime colonial-captalístico: em seu jogo midiático perverso, o regime cria uma figura de inimigo variável e variada, colocando em seus obstáculos da hora com a máscara do vilão do seriado, para torná-los alvo da vontade de destruição pelas massas. Isso dura um breve período, o tempo necessário para tirá-los da frente; e, rapidamente, novos obstáculos ocuparão o lugar de vilão. E o núcleo dos vilões no roteiro do seriado vai se avolumando e variando diante do olhar *voyeur* de seus espectadores.

O Estado de direito e o regime democrático, que nos países da América Latina estavam apenas engatinhando quando o seriado se iniciou, estão entre os principais obstáculos macropolíticos ao capitalismo financeirizado globalitário. Para eliminá-los usa-se a mesma operação micropolítica que apela para a figura do inimigo; contudo, embora a operação tenha a mesma lógica, nesse caso invertem-se astutamente os papéis. Aqui os obstáculos ao regime que representariam o Estado de direito e a democracia serão usados pelos autores do golpe como bandeira de sua cruzada pela moralização do País. Eles passam a desempenhar o papel de mocinhos, enquanto o papel de inimigo caberá a seus detratores, verdadeiros ou ficcionais, que no final da segunda temporada terá sido desempenhado por quase todos os protagonistas do poder político e econômico no Brasil. É então que o capitalismo transnacional se apresenta como o único mocinho do planeta capaz de recuperar a legalidade democrática, caso lhe sejam atribuídos plenos poderes na gestão do País. É este o personagem com o qual o regime se transveste no seriado do golpe, ocultando assim o fato de ser ele o verdadeiro agente do golpe, que visa precisamente eliminar o caráter democrático, próprio ao Estado de direito.

A composição da máscara de legalidade democrática é sutil e astuta. A segunda temporada do seriado do golpe começa a ser veiculada pela mídia imediatamente após o final da primeira. Os roteiros são idênticos, só mudam os personagens que desempenham o papel de vilões acusados de corrupção. Se na primeira temporada parte da sociedade brasileira ainda conseguia ver que se tratava de um golpe cujo objetivo era aniquilar a imagem dos políticos progressistas para tirá-los do poder, com a substituição dos protagonistas do papel de vilão na segunda temporada, vence na maioria a ideia de que a expulsão dos governantes progressistas havia sido uma ação imparcial e digna, visando a necessária moralização da vida pública (o tal uso populista da caça à corrupção, que desvia a atenção da sociedade da carnificina antidemocrática que está em jogo). Esta ideia consegue inclusive contaminar aqueles que têm menos acesso aos direitos, parcela majoritária da população, que havia sido favorecida pelos governos progressistas e os sentia como seus aliados. Nesse final da segunda temporada do seriado, quando todos os políticos se tornam vilões, o inimigo passa a ser a própria política como um todo e, portanto, o Estado nele mesmo. Essa operação teria, em princípio, uma tripla vantagem. A primeira é desacreditar o Estado em sua atual estrutura, para que o lema do momento, aclamado pela grande maioria, passe a ser sua urgente reestruturação, o que prepara o terreno para que tal demanda seja gloriosamente atendida pela agenda neoliberal.

A segunda vantagem é a despolitização da sociedade para que esta deixe de depositar a garantia da defesa de seus direitos civis em sua participação nas instituições democráticas, uma vez que estas passaram a ser vistas como intrinsecamente ligadas à corrupção, nas quais todos, indiscriminadamente, são ladrões, "farinha do mesmo saco", uma farinha putrefata. O mais grave é que a despolitização na esfera do Estado de direito leva de roldão a pulsão social de uma luta autônoma em relação ao Estado, seja ela macro ou micropolítica. A terceira vantagem é tornar as subjetividades ainda mais frágeis, o que facilita cafetiná-las.

Em síntese

O novo tipo de golpe, próprio do capitalismo neoliberal globalitário, consiste num complexo conjunto de operações micro e macropolíticas, no qual pretende-se matar muito mais coelhos numa cajadada só – todos os coelhos que atravessam as vias macropolíticas, concretas ou virtuais, visíveis ou invisíveis, por onde circula o capital transnacional a cada momento. São eles: os políticos de esquerda e o imaginário progressista a eles associado (pelas dificuldades que impõem ao desmantelamento da Constituição, às privatizações e à total entrega do País ao capital financeirizado transnacional e seus acionistas locais), os políticos de alma pré-republicana e escravocrata (por seu arcaísmo nacionalista e identitário, sua ignorância e incompetência, e seu péssimo hábito de precisar de um Estado inchado para mamar em suas tetas), parte do empresariado industrial local de mentalidade desenvolvimentista (não só por ser uma pedra no sapato dos conglomerados financeiros transnacionais, mas também por priorizar investimentos na produção, desperdiçando assim oportunidades de especulação) e, por fim, o próprio Estado em sua versão democrática e/ou nacionalista – tudo isso acompanhado micropoliticamente da neutralização da potência coletiva de ação pensante criadora que se mobilizaria diante desse quadro intolerável.

Em síntese, a nova modalidade de golpe de Estado é, na verdade, não só um golpe contra o Estado de direito e a democracia e, portanto, contra a sociedade (em suas possíveis ações na esfera macropolítica), mas, mais radicalmente ainda, é um golpe contra a própria vida – não só a vida humana, individual e coletiva, mas a vida do planeta como um todo (esfera micropolítica). E o capitalismo transnacional sai vitorioso e de mãos aparentemente limpas. Esta é, provavelmente, a apoteótica cena prevista para o final do seriado do golpe.

O trauma e seus destinos

Entretanto, dois possíveis efeitos do seriado não estavam previstos em seu roteiro. Ambos começam a manifestar-se no final da segunda temporada, em consequência da quebra do feitiço do golpe mascarado que as acusações contra Lula haviam gerado na primeira temporada e, sobretudo, do grau traumático a que chegou o desamparo em que se viram lançadas as subjetividades. São distintas as estratégias do desejo que se mobilizam diante do trauma. Fiquemos apenas nos dois polos extremos do amplo leque de variação de tais estratégias – lembrando não só que tais polos são ficcionais, mas que se oscila entre várias posições ao longo da existência, além de que os processos de elaboração têm o poder de deslocar posições iniciais. Num dos extremos, apelamos para estratégias defensivas que nos levam a agarrar-nos de unhas e dentes ao *status quo*: uma resposta patológica, própria de quando sucumbimos ao trauma, e cujo efeito é nos despotencializar. No outro extremo, amplia-se o alcance de nossa mirada, o que nos permite ser mais capazes de acessar os efeitos subjetivos da violência em nossos corpos, de sermos mais precisos em sua decifração e expressão e mais aptos a inventar maneiras de combatê-la. Mobiliza-se então a força criadora de modo que a pulsão vital cumpra seu destino ético: transformar o *status quo*, dissolvendo aquilo que nele produz violência. Esta é uma resposta saudável que nos protege de sucumbir ao trauma, o que não só preserva nossa potência, mas tende inclusive a intensificá-la.

A primeira resposta, fruto de uma estratégia de desejo reativa, tende a gerar uma identificação das subjetividades com os conservadores, o que as leva a apoiá-los com euforia e fervor. Com o prolongamento da permanência dos conservadores nos governos na segunda temporada e seu crescente apoio pelas massas, apoio insuflado pelas estratégias do golpe, estes acabam sendo eleitos aos cargos legislativos, conseguindo assim estabelecerem-se efetivamente no poder. Mais grave ainda é quando se elegem ao cargo de presidente da República, o que vem acontecendo em vários países. O exemplo mais significativo é o da vitória do brutamontes Trump para a presidência dos Estados Unidos, bufão psicopata e nacionalista ao extremo. É bom lembrar que o nacionalismo foi um dos elementos do discurso populista dos capangas do capitalismo financeiro, usado pelo regime para a construção da figura do "inimigo comum" que deve ser eliminado de cena, o que justifica e legitima o golpe (as políticas europeias antimigratórias e o virulento antieuropeísmo, fenômenos que vem se manifestando atualmente, entram nesta mesma chave). Mas os capangas conservadores nacionalistas deveriam ser descartados assim que o golpe estivesse consumado: sua instalação no poder é o primeiro efeito colateral do seriado que não estava previsto no roteiro (haja vista a popularidade de que vem gozando a candidatura de Bolsonaro às eleições para a presidência da República no Brasil).

Já a segunda resposta, fruto de uma estratégia de desejo ativa, que não sucumbe ao trauma e logra enfrentá-lo, gera a ascensão de uma nova modalidade de resistência, que se cria coletivamente face à nova modalidade de poder. Este é o segundo efeito colateral do seriado do golpe que tampouco estava previsto no roteiro. Por ser portador de oxigênio para o ar mortífero que respiramos no presente, finalizemos com alguns comentários acerca desse segundo fenômeno.

A nova modalidade de resistência

Passados os primeiros capítulos da segunda temporada, na qual se conseguira instaurar a ilusão de que não se tratou de golpe, seus capítulos seguintes – onde se vê a destruição das conquistas democráticas, a penalização da criação cultural, a perseguição aos modos de existir qualificados de minoritários e a desqualificação da política como um todo – não terão o mesmo êxito. Cada vez mais gente, em mais setores sociais e regiões do País, passa a se dar conta do sério risco que o poder globalitário do capitalismo traz não só para a continuidade da vida da espécie humana, mas do ecossistema do planeta como um todo. O sinal de alerta faz com que tenda a cair o véu de sua ilusão, tecido pelo abuso. Instaura-se nas subjetividades um estado de urgência que as faz batalhar para abrir o acesso à experiência subjetiva de nossa condição de viventes e retomar em suas mãos as rédeas da pulsão. Isso leva o desejo a deslocar-se de sua entrega ao abuso e a agir no sentido de transfigurar o presente, impedindo que a carnificina prossiga.

O fato de que, em sua nova dobra, fique mais escancarado que o capitalismo incide na esfera micropolítica dá origem a uma nova modalidade de resistência: surge a consciência de que a resistência tem que incidir igualmente nessa esfera. Isto aparece nos novos tipos de movimento social que vêm desestabilizando aqui e acolá o poder mundial do capitalismo financeirizado na determinação dos modos de existência que lhe são necessários. A propagação desse tipo de resistência, que se intensificou após o tsunami dos ditos golpes de Estado provocados pelo novo regime por toda parte, tem surgido principalmente entre as gerações mais jovens e, mais contundentemente, nas periferias dos grandes centros urbanos. Nesses contextos, destacam-se especialmente os citados movimentos das mulheres (numa nova dobra do feminismo), dos LGBTQI (numa nova dobra das lutas no campo das sexualidades, na qual estas se juntam em torno de alguns objetivos e refinam suas estratégias, o que se torna possível por já não se reduzirem à reivindicação identitária, própria da luta na esfera macropolítica) e, também, dos afrodescendentes (numa nova dobra de suas lutas contra o racismo). A esses movimentos somam-se o combate dos indígenas, cada vez mais amplo, preciso e articulado, e as lutas por moradia (também, em ambos, uma forte atuação na esfera micropolítica agrega-se à sua tradicional atuação na macropolítica). Nesse novo campo de batalha, cada um desses movimentos ganha novas forças.

A irrupção dessas novas estratégias de combate nos ajuda a ver que o horizonte do modo tradicional de resistência das esquerdas, sobretudo das institucionais, tende a reduzir-se à esfera macropolítica, e que essa redução seria uma das causas de sua desorientação e impotência frente ao atual estado de coisas. Tal entendimento tem o poder não só de nos tirar da paralisia melancólica fatalista à qual nos faria sucumbir a sombria paisagem que nos rodeia, bem como de nosso ressentimento com as esquerdas, mas também de nos permitir uma reaproximação das mesmas. Isso pode ter por efeito um aprimoramento dos instrumentos de combate em ambas as esferas, micro e macropolítica.

Sabemos que o seriado do capitalismo financeirizado começa bem antes das três temporadas focadas em seus golpes de Estado e, certamente, será bem longa sua terceira temporada – ou, quem sabe, não tão longa assim se a ela se seguirem outras tantas temporadas –, até que se chegue ao capítulo final previsto no roteiro. Mas também aí o roteiro se engana em sua prepotência, pois nunca haverá um capítulo final eternizado, já que o único que é de fato eterno é a vida e o combate entre forças das mais ativas à mais reativas que a caracteriza em sua essência. Os efeitos do golpe serão delineados coletivamente nos embates entre esses diferentes tipos de forças. Forças reativas que, em distintos graus e escalas e com distintos tipos de expressão, promovem o abuso da vida em sua potência pulsional de criação – seja atuando no personagem do vilão que abusa ou no da vítima que se deixa abusar. E forças ativas que, também elas em diferentes graus e escalas e com diferentes tipos de expressão, promovem sua afirmação transfiguradora, dissolvendo tais personagens e, com eles, a cena em que atuam. Ninguém é permanentemente ativo ou reativo, tais posições oscilam e se mesclam ao longo da existência individual e coletiva. O que importa do lado das forças ativas é o trabalho incansável que consiste em combater as forças reativas em nós mesmos e em nosso entorno, cujo sucesso jamais estará garantido e tampouco será definitivo.

Impossível prever o desfecho (sempre provisório) desse embate em que estamos envolvidos e que prosseguirá na terceira e talvez última temporada do seriado. Mas há um alento no ar que nos vem da experiência que estamos tendo de insubordinação da pulsão às sequelas de seu abuso colonial-capitalístico. Apesar dessa experiência ser relativamente recente, ela nos permite imaginar outros cenários e agirmos em sua direção. Isso nos faz acreditar que é possível despoluir o ar ambiente de sua poeira tóxica, pelo menos o suficiente para que a vida volte a fluir. O tratamento de tal poluição é micropolítico: um trabalho coletivo de descolonização do inconsciente, cujo foco são as políticas de produção de subjetividade que orientam o desejo e as consequentes formações do inconsciente no campo social. Esta é a tarefa que nos desafia no presente. Depois é depois: novas formas de existência se instalarão, com novas tensões entre diferentes qualidades e intensidades de forças ativas e reativas e seus confrontos, os quais convocarão novas estratégias de insurreição, num combate sem fim pela vida.

Post scriptum 1

Em 24 de janeiro de 2018, poucos dias após a finalização da escrita deste texto e antes de sua publicação, em um novo capítulo da segunda temporada do seriado – um capítulo previsto desde seu início –, Lula foi condenado à prisão por doze anos e um mês, quando então terá 84 anos e, portanto, dificilmente voltará à vida pública. Embora seus advogados ainda contem com alguns recursos junto ao STF e ao STJ, podemos prever que obviamente serão recusados e, além disso, usados para legitimar ainda mais sua imediata prisão. Com isso, já podemos dizer que o golpe de Estado "propriamente dito" foi bem-sucedido. "Propriamente dito" porque apesar do Estado democrático ser um de seus alvos privilegiados, ele não é o único. Não é por acaso que o título deste ensaio traz o termo "golpe" e não "golpe de Estado": seu alvo não é apenas o Estado, mas a sociedade como um todo e, mais amplamente, a própria vida – o que evidentemente se aplica também aos golpes que se apresentam explicitamente como uma tomada de poder do Estado.

Terá sido a eliminação de Lula o último episódio da segunda temporada? Nesse caso, a partir de agora assistiríamos a sua terceira temporada: será seu roteiro próximo ao que foi aqui anunciado? Haverá outras temporadas mais? Jogos de adivinhação não são bem-vindos nesse tipo de contexto. Além de não podermos prever exatamente seu roteiro, efeitos não previstos podem surpreender seus autores e a nós trazer alento, como parece já estar acontecendo. Apesar do seriado ser ininterruptamente campeão de audiência e o golpe, no sentido de expulsar o PT do governo, ter sido vitorioso, o tiro pode sair pela culatra. Isso fica mais uma vez notório na reação da maioria da sociedade brasileira à condenação de Lula. Se sua vitória foi celebrada pelas elites internacionais do capitalismo financeirizado, assim como por suas elites locais, do lado de suas camadas espoliadas (a grande maioria), assim como das camadas politizadas das classes médias, no Brasil e no exterior, a reação a esta temporada do seriado foi oposta. Por ser claramente injusta e fruto de uma cruel armação, a condenação indignou tais camadas e gerou um efeito bumerangue: reativou-se poderosamente a força da presença de Lula em seu imaginário – no qual ele já vinha resgatando seu lugar de liderança digna, mesmo entre aqueles que têm críticas a seu governo. Basta lembrar que se o seriado do golpe, no início de sua primeira temporada, havia conseguido fazer com que os 80% de aprovação de seu governo baixassem para 12% de intenções de voto, na segunda temporada seu número já passara a ser suficiente para que ele vencesse as eleições para a presidência da República em 2018, provavelmente já no primeiro turno.

Post scriptum 2

Após a publicação deste ensaio em abril de 2018,[15] assistimos a novos capítulos da segunda temporada do seriado do golpe que não poderiam deixar de constar em sua republicação, agora como parte deste livro. Mas serão privilegiados aqui apenas três de seus pontos altos, já que podemos rever o seriado inteiro quando quisermos, bastando para isso buscar seus episódios na Internet. No primeiro, assistimos atônitos à ocupação do Rio de Janeiro pela Polícia Militar, imposta por um decreto do Presidente Temer, um mês após a condenação de Lula. Nessa operação se revela que a militarização da sociedade (o que é distinto de Estado militar) é parte das estratégias da nova modalidade do poder capitalista,

---

15 O ensaio foi publicado em abril de 2018, nas revistas eletrônicas *Outras Palavras* (Brasil) e *Lobo suelto* (Argentina) e, em maio do mesmo ano, em uma primeira versão, mais antiga, pelo jornal *El País - Brasil*.

sustentada pela injeção nas subjetividades de altas doses de medo diante da suposta insegurança, micropoliticamente arquitetada no roteiro do seriado, desde seus primeiros capítulos.

No segundo ponto alto, menos de um mês após vermos o Rio ocupado pelos militares, assistimos ao assassinato de Marielle Franco, vereadora do Rio de Janeiro pelo PSOL, e do motorista Anderson Gomes, que a acompanhava. Negra, lésbica, de 38 anos e nascida na favela, a vereadora era uma contumaz defensora das lutas feministas, antirraciais e LGBTQI, assim como das lutas contra os abusos cometidos por policiais em serviço e execuções extrajudiciais. Vemos neste capítulo uma enorme repercussão do assassinato no Brasil e no exterior. O que não aparece no seriado é que desde o impeachment *de Dilma Rousseff em 2016, mais de cem outras lideranças populares haviam sido assassinadas, entre as quais líderes camponeses, quilombolas e indígenas.*

Last, but not least, *no capítulo de 3 de maio de 2018, assistimos ao juiz Sérgio Moro decretando a prisão de Lula. O ex-presidente dirige-se então à sede do Sindicato dos Metalúrgicos do ABC, em São Bernardo do Campo, e lá permanece por dois dias antes de entregar-se. Desta vez o seriado adota um estilo* Big Brother, *e milhões de brasileiros – alguns se regozijando e outros, bem mais numerosos, atônitos e tristes – passam a assistir em tempo real à saga que acontece durante esses dois dias e o que se segue até Lula chegar à prisão, num total de 50 horas* non-stop. *Rapidamente, o edifício do sindicato é ocupado por inúmeros intelectuais, sacerdotes de várias religiões, políticos de todos os partidos de esquerda, sindicalistas e outros, e uma multidão de manifestantes na área externa. No dia 7, Lula decide entregar-se à Polícia Federal. O dia começa com uma missa celebrada no próprio sindicato em homenagem a Marisa Letícia, esposa do ex-presidente, que neste dia completaria 68 anos e cuja morte, no ano anterior, se deu provavelmente em decorrência do trauma que sofreu desde o início do seriado. Enquanto isso, a defesa de Lula apresenta um pedido de liminar junto ao STJ e ao STF para anular a ordem de prisão; obviamente o pedido foi recusado. Em seguida Lula faz um discurso de quase uma hora, ovacionado pela multidão que ali se reúne. O dia termina com Lula saindo do prédio do sindicato e sendo carregado pela multidão para pegar seu carro e dirigir-se ao da PF, que o esperava para levá-lo à sua sede e dali encaminhá--lo a Curitiba, onde ficaria preso na Superintendência da Polícia Federal. Os manifestantes começam então a cercar o portão de saída do sindicato, derrubando as grades para impedir a saída do carro do ex-presidente. Lula acaba tendo que ir a pé até o carro da PF. A cena seguinte do seriado, agora em estilo Big Brother, é a de fogos de artifício riscando o céu do aeroporto em Curitiba, para receber o ex-presidente antes de ser levado para a prisão e celebrar a vitória de Moro, o novo herói da cidade. Em sua chegada à sede da PF, a militância que o espera já há várias horas – em número significativamente maior do que o dos manifestantes a favor de sua prisão – é massacrada por bombas de gás disparadas pela polícia que chegam a ferir algumas pessoas. Mesmo assim, centenas de pessoas ali permanecerão acampadas por várias semanas. Um último episódio deste capítulo digno de nota: três semanas após a prisão, é madrugada e vemos o acampamento, onde seus apoiadores seguem em sua vigília, ser alvo de um atentado a tiros, no qual duas pessoas são feridas, uma delas gravemente. A cena é mostrada en passant no seriado, apenas porque a mídia oficial não poderia deixar de divulgá-la. Mas o seriado muda o foco rapidamente. As massivas manifestações a favor de Lula que vemos neste capítulo final da segunda temporada do seriado nos fazem pensar que parte significativa da sociedade brasileira reconhece os processos de emancipação desencadeados pelos governos do PT e a liderança de Lula, sem deixar de reconhecer seus equívocos e de pensá-los criticamente.*

Neste apoteótico capítulo do seriado, duas imagens significativas circulavam pelas redes no dia da prisão de Lula, cujo contraste evidenciava as forças em combate no País. Ao lado da imagem do ex-presidente sendo carregado nos braços de centenas de pessoas que o acompanhavam no Sindicato, viralizou velozmente uma outra imagem: a festança que Oscar Maroni, que poderíamos chamar eufemisticamente de "empresário da noite", proporcionou em seu Bahamas Hotel Club para celebrar a prisão de Lula, na qual oferecia cerveja gratuitamente e trabalhadoras do sexo a granel para quem quisesse juntar-se à macabra celebração.

A NOVA MODALIDADE DE GOLPE

A imediata viralização de vídeos da festança de Maroni trouxe uma clara expressão visual à noção de "cafetinagem" que comparece no título deste livro e que designa a dinâmica de relação entre capital e força vital no regime colonial-capitalístico – ou seja, sua medula na esfera micropolítica. Nessa direção, a imagem mais significativa é a de Maroni, vestido de presidiário em óbvia alusão a Lula, bolinando uma das trabalhadoras do sexo de sua "empresa" perante o olhar voyeur *de centenas de homens que participavam da folia gozosamente. Na cena, displays gigantes do juiz federal Sérgio Moro e da Ministra Cármen Lúcia, então presidente do STF, decoram a parede da sinistra performance de Maroni, segundo ele, para render-lhes homenagem. A imagem revela explicitamente a articulação que deu lugar ao golpe entre, de um lado, operações micropolíticas de cafetinagem da pulsão vital, mobilizadora da tradição colonial-escravista que impregna visceralmente a cultura brasileira, e, de outro, operações macropolíticas para impedir a reeleição de Lula – e, mais amplamente, aniquilar a existência de qualquer tipo de resistência ao poder globalitário do capitalismo financeirizado. E mais: revela-se o papel central do Poder Judiciário em ambas as operações e na clara articulação entre elas para viabilizar o golpe.*

Agora sim parece encerrar-se a segunda temporada do seriado. Mas certamente assistiremos a novas temporadas, cujo conteúdo é difícil de prever, já que seu roteiro vai sendo escrito à medida que as estratégias da nova modalidade do golpe vão sendo pensadas em função do índice de sucesso de audiência que cada episódio alcança. O que importa é que, frente a elas, sempre estaremos afrontando a tarefa de inventar novos dispositivos de resistência. Sejam eles quais forem, se não contemplarmos entre seus alvos a descolonização do inconsciente, corremos o risco de nos mantermos nas mesmas cenas, encarnando os mesmos personagens com papéis idênticos, numa reprodução infinita daquilo que pretendíamos transmudar em nós e fora de nós.

FINALE

DEZ SUGESTÕES PARA UMA CONTÍNUA
DESCOLONIZAÇÃO DO INCONSCIENTE[1]

Para encerrar, deixo aqui dez sugestões para os inconscientes que protestam no anseio por descolonizar-se de seu regime antropo-falo-ego-logocêntrico.

1. Desanestesiar nossa vulnerabilidade às forças em seus diagramas variáveis, potência da subjetividade em sua experiência fora-do-sujeito;

2. Ativar e expandir o saber eco-etológico e expandi-lo ao longo de nossa existência: a experiência do mundo em sua condição de vivente, cujas forças produzem efeitos em nosso corpo, o qual pertence a essa mesma condição e a compartilha com todos os elementos que compõem o corpo vivo da biosfera;

3. Desobstruir cada vez mais o acesso à tensa experiência do **estranho-familiar;**

4. Não denegar a fragilidade resultante da desterritorialização desestabilizadora que o estado estranho-familiar promove inevitavelmente;

5. Não interpretar a fragilidade desse estado instável e seu desconforto como "coisa ruim", nem projetar sobre este mal-estar leituras fantasmáticas (ejaculações precoces do ego, provocadas por seu medo de desamparo e falência e suas consequências imaginárias: o repúdio, a rejeição, a

---

[1] Tais sugestões foram retiradas das versões originais dos dois primeiros ensaios aqui publicados, que se encerravam com elas.

exclusão social, a humilhação, a loucura). Tais projeções são portadoras de falsas explicações para a causa do mal-estar, o qual é sempre associado a um suposto erro e, portanto, à culpa, seja nossa ou de um outro, seja ele quem for;

6. Não ceder à vontade de conservação das formas de existência e à pressão que esta exerce contra a vontade de potência da vida em seu impulso de produção de diferença. Ao contrário, buscar sustentar-se no fio tênue desse estado instável até que a imaginação criadora construa um modo de corpo-expressão que, por ser portador da pulsação do estranho-familiar, seja capaz de atualizar o mundo virtual que essa experiência anuncia, permitindo assim que as formas agonizantes acabem de morrer;

7. Não atropelar o tempo próprio da imaginação criadora, para evitar o risco de interromper a germinação de um mundo. Tal interrupção torna a imaginação vulnerável a deixar-se expropriar pelo regime colonial-cafetinístico, que a desvia de seu destino ético. É nesse desvio que ela é capturada e tende a submeter-se ao imaginário que tal regime nos impõe sedutoramente, o que a torna totalmente estéril. É que no lugar do exercício da criação do novo (exigido pela vida), a imaginação passa a reduzir-se ao exercício de sua capacidade criativa (dissociada da vida) para produzir novidades, as quais multiplicam as oportunidades para os investimentos de capital e excitam a vontade de consumo numa velocidade exponencial;

8. Não abrir mão do desejo em sua ética de afirmação da vida, o que implica mantê-la o mais possível fecunda a cada momento, fluindo em seu processo ilimitado de diferenciação de formas e valores;

9. Não negociar o inegociável: tudo aquilo que obstaculiza a afirmação da vida, em sua essência de potência de criação. Aprender a distingui-lo do negociável: tudo aquilo que se poderia aceitar e reajustar porque não debilita a força vital instituinte, mas, ao contrário, gera as condições objetivas para que se produza um acontecimento, cumprindo-se assim seu destino ético;

10. Praticar o pensamento em sua plena função: indissociavelmente ética, estética, política, crítica e clínica. Isto é, reimaginar o mundo em cada gesto, palavra, relação com o outro (humano e não humano), modo de existir – toda vez que a vida assim o exigir.

É evidente que as sugestões que acabam de ser evocadas não pretendem ser um receituário para se atingir uma suposta "cura" dos efeitos patológicos de nossa cultura, numa espécie de messianismo clínico-artístico-micropolítico, que viria substituir o tão combalido messianismo macropolítico contido na utopia revolucionária – ambos herdeiros da ideia de paraíso onde a vida encontraria enfim a suposta estabilidade eterna.

Esse trabalho de bricolagem de si, do qual depende a descolonização na esfera micropolítica, jamais alcança sua plena e definitiva realização. Ao longo de nossa existência, face a novas tensões resultantes de novos diagramas de força, oscilamos entre posições variadas e variáveis num amplo leque de micropolíticas, das mais ativas às mais reativas. Estamos sempre diante do desafio de combater a tendência reativa em nós mesmos e em nossas relações (tendência dominante em nossa cultura): o desafio de não nos submetermos ao poder dos fantasmas que nos trazem de volta para nosso personagem habitual na cena colonial-capitalística. E se precisamos sair desse personagem, é porque ao desempenhá-lo participamos das relações de abuso por nosso próprio desejo, seja qual for nossa posição nas mesmas. A descolonização do inconsciente implica um constante esforço para desmancharmos esse personagem, nos reapropriarmos da pulsão e, por ela guiados, criarmos novos personagens que estejam à altura da vida, encarnando sua potência de variação transfiguradora.

O enfrentamento desse desafio requer um trabalho infinito de cada um e de muitos, pois, como uma praga, esse regime de inconsciente não para de alastrar-se por todo o planeta, contaminando as subjetividades e conduzindo o desejo a desviar a pulsão vital de seu destino ético.

É nesse horizonte que se situam as ideias aqui compartilhadas. Que sejam descartadas aquelas em que as palavras que as dizem, distraídas, separaram-se imprudentemente de sua alma.

Este livro é uma partícula da obra conjunta de todxs aquelxs que buscam instaurar territórios relacionais onde os inconscientes possam encontrar ressonâncias para sua insurreição e, com elas, aninhar gérmens de futuros.

PUBLICAÇÕES DOS ENSAIOS AQUI REUNIDOS

O inconsciente colonial-capitalístico.

Escrito em 2012 para "Epistemologies of the South Reinventing Social Emancipation", uma conversa de Boaventura de Sousa Santos com Shiv Visvanathan, Suely Rolnik e Sarat Maharaj. In: **Topology Spaces of Transformation**, seminário mensal organizado por Jean Matthee na Tate Modern, International Modern and Contemporary Art. Londres: 28 de abril de 2012.

"Del agua estancada se espera veneno / From the standing water, expect poison". In: CANDIANI, Tania e ORTEGA, Luiz Felipe (org.), **Possessing Nature**. Catálogo do pavilhão do México, com curadoria de Karla Jasso, na 56ª Bienal de Veneza. Cidade do México: INBA, 2015. ISBN: 9786076053423. (Edição bilíngue)

"Pensar desde el saber-del-cuerpo. Una micropolítica para resistir al inconsciente colonial-capitalístico". In: RENDÓN, Jorge Gómez (org). **Repensar el arte.** Reflexiones sobre arte, política e investigación. Guayaquil: UArtes, 2017. pp. 85-97. ISBN: 978-9942-977-06-9.

"Beyond the colonial-capitalistic unconscious. Micropolitical suggestions to tackle the dreadful global landscape". In: DISERENS, Corinne (org.). **Gestures and Archives of the Present, Genealogies of the Future**. Taipei: Taipei Fine Arts Museum (TFAM) e Taipei Biennial, 2017.

"O abuso da vida. Matriz do inconsciente colonial-capitalístico/ The abuse of life. The colonial-capitalistic unconscious matrix". In: **Revista Jacarandá**, no. 06, edição especial Brazilian Art Under Attack!, abr. 2018. pp. 118–141. Edição bilíngue.

"O abuso da vida. Medula do inconsciente colonial-capitalístico". In : DUARTE, Luisa (org.). **Arte censura liberdade: reflexões à luz do presente.** 1. ed. Rio de Janeiro: Cobogó, 2018. pp. 184-231. ISBN: 978-85-5591-070-8.

O mesmo ensaio, voltado para práticas curatoriais

"The body-knowing compass in curatorial practices". In: **Theater Magazine**, Volume 47, Number 1. Tom Sellar (Edit). Yale School of Drama, Yale Repertory Theatre. Durham: Duke University Press, 2017. www.theatermagazine.org. ISSN: 0161-0775.

"O saber-do-corpo nas práticas curatoriais. Driblando o inconsciente colonial-capitalístico". In: MOTTA, Gabriela e ALBUQUERQUE, Fernanda (org). **Curadoria em artes visuais. Um panorama histórico e prospectivo.** Porto Alegre: Santander Cultural, 2017, pp. 47–76. ISBN: 9788565954167.

Insurgências macro e micropolítica. Dessemelhanças e entrelaçamentos

"Esferas da insurreição. Para além da cafetinagem do vivo". In : TIBLE, Jean; TELLES, Vera ; SANTIAGO, Homero (org.). **Negri no Trópico 23026'14".** São Paulo: n-1; Autonomia literária; Editora da cidade, 2017. pp. 101–122. ISBN: 9788566943436.

"Sphären des Aufstands. Vorschläge zur Bekämpfung der Zuhälterei über das Leben" / "The rape of the vital force: the colonial-capitalistic unconscious matrix". In: **Springerin magazine**, a quarterly art and theory journal, issue on Global Limits. Viena, # 31/10/2017. Disponível em: http://www.springerin.at/en/ www.e-flux.com. Edição eletrônica: https://www.springerin.at/en/.

"The spheres of insurrection. Suggestions for combating the pimping of life". In: **E-flux Journal**, n. 86, nov 2017. New York. Disponível em: www.e-flux.com

A nova modalidade de golpe. Um seriado em três temporadas

"O seriado do golpe em três temporadas". In: **Outras Palavras**. Disponível em: https://outraspalavras.net/brasil/666381/. Acesso em: 04/02/2018.

"Tres temporadas del golpe". In: **Lobo Suelto**. Disponível em: http://lobosuelto.com/?p=19363. Acesso em: 23/04/2018.

"O novo tipo de golpe de estado: um seriado em três temporadas". In: **El País Brasil**, Atualidades, 13/05/2018; série Diálogos Brasil-Europa, uma iniciativa da EUNIC - European Union National Institutes for Culture, sede São Paulo. Disponível em : https://brasil.elpais.com/brasil/2018/05/12/actualidad/1526080535_988288.html/. Acesso em: 13/05/2018.

LIVROS DA AUTORA

Cartografia Sentimental. Transformações contemporâneas do desejo. São Paulo: Estação Liberdade, 1989. (3ª edição esgotada). Reedição com prefácio novo: Porto Alegre: Sulina, 2006; 1ª reimpressão, 2016. ISBN: 978-85-205-0424-6; 978-85-7025-852-6.

Arquivo para uma obra-acontecimento. Projeto de ativação da memória corporal de uma trajetória artística e seu contexto. São Paulo: Cinemateca Brasileira; SESC-SP, 2011.

Archive pour une œuvre-événement. Projet d'activation de la mémoire du corps d'une trajectoire artistique et son contexte. Paris: Carta Blanca Éditions, 2011. Difusão/distribuição: Les Presse du réel. ISBN: 978-2-9536129-0-5. (DVD)

Archivmanie / Archive Mania. dOCUMENTA (13). In: **Serie 100 Notizen – 100 Gedanken** / 100 Notes – 100 Thoughts No. 022. Berlim: HatjCantz Verlag/Documenta (13), 2011. Edição bilingue. ISBN 978-3-7757-2871-3. Versão eletrônica (e-Book): www.documenta.de; www.hatjecantz.de/documenta13. ISBN: 978-3-7757-3051-8.

Anthropophagie Zombie (com inserção do *Manifeste Anthropophage*). Paris: Black Jack éditions, 2012. Difusão/distribuição: Les Presses du réel. ISBN: 978-29-18063-22-3.

A hora da Micropolítica. São Paulo: n-1 edições, 5º volume de Pandemia, série de cordéis, 2016. ISBN: 978-85-66943-27-6. Posteriormente inserido na caixa **Pandemia** contendo dez cordéis da série. São Paulo: n-1 edições, 2016. ISBN: 978-85-66943-35-1.

Zombie Anthropophagie. Zur neoliberalen Subjektivität. Trad. Oliver Precht. Turia + Kant : Vienna/Berlin, 2018. ISBN: 978-3-85132-923-0.

Antropofagia Zumbi. Lisboa: Oca, 2019. ISSN 2184-3279.

Em colaboração com Félix Guattari

Micropolítica. Cartografias do desejo. Petrópolis: Vozes, 1ª ed., 1986. ISBN: 85-326-1039-0. 7ª ed. revista e ampliada, 2005. ISBN: # 978-85-326-1039-3. Uma edição revista e com novo prefácio será publicada pela Editora n-1. Publicado na Espanha (Traficantes de Sueños, 2006), Argentina (Tinta Limón, 2006), Estados Unidos (Semiotext(e)/MIT, 2006), França (Seuil, 2007) e Coreia do Sul (B-Books, 2010).

Dados Internacionais de Catalogação na Publicação (CIP)
de acordo com ISBD

R748e   Rolnik, Suely

         Esferas da insurreição: notas para uma vida não
cafetinada / Suely Rolnik. - São Paulo : n-1 edições, 2018.
208 p. : il. ; 14cm x 21cm.

         Inclui índice.
         ISBN: 978-856-694-359-7

         1. Ciências políticas. 2. Filosofia. I. Título.

                                                    CDD 320
         2018-800   CDU 32

Elaborado por Odilio Hilario Moreira Junior - CRB-8/9949

Índice para catálogo sistemático
1. Ciência política 320
2. Ciência política 32

n-1

O livro como imagem do mundo é de toda maneira uma ideia insípida. Na verdade não basta dizer Viva o múltiplo, grito de resto difícil de emitir. Nenhuma habilidade tipográfica, lexical ou mesmo sintática será suficiente para fazê-lo ouvir. É preciso fazer o múltiplo, não acrescentando sempre uma dimensão superior, mas, ao contrário, da maneira mais simples, com força de sobriedade, no nível das dimensões de que se dispõe, sempre n-1 (é somente assim que o uno faz parte do múltiplo, estando sempre subtraído dele). Subtrair o único da multiplicidade a ser constituída; escrever a n-1.

Gilles Deleuze e Félix Guattari